KB069608

사고

추리, 판단, 결정

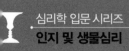

심리학 입문 시리즈
인지 및 생물심리

사고

| 도경수 저 |

추리, 판단, 결정

학지사

인지심리학 시리즈를 내며 《《《

　정보화 사회, 지식 사회, 지구촌 시대라는 표현만큼 21세기를 특징
짓는 말도 없을 것이다. 이런 변화는 우리 삶을 편리하게 해 주지만,
이미 있던 문제의 심각성을 증폭시키기도 하고 새로운 문제를 발생시
키기도 한다. 인터넷을 통해 언제, 어디서나 원하는 정보를 탐색할 수
있고, 필요한 물건을 구입하고, 여러 업무를 처리하게 된 생활 방식의
변화는 정보의 홍수 속에서 생각하지 않는 사람을 만들어 내는 부작
용을 드러낸다.

　지구촌 시대가 되면서 이제는 문화 간의 충돌이 국가 간의 문제가
아니라 일상인들의 생활 속에서 문제가 되었다. 사람들 간의 문제, 조
직의 문제도 이전보다 더욱 중요하게 되었다. 정보화 기기를 비롯한
다양한 기계가 매일매일 삶에 유입되면서 사람들 간의 문제뿐만 아니
라 사람과 기계 간의 문제도 중요한 적응의 문제로 등장하였다.

　이러한 급속한 변화 속에 적응해서 살아가야 하는 우리에게 인간

의 행동과 마음의 작동 원리를 밝히는 심리학에 대한 이해는 그 어느 때보다 절실해지고 있다. 하지만 일반인들이 부담을 느끼지 않고 쉽게 이해할 수 있는 심리학 서적은 아직 많지 않다. 대학교 교재로 사용하는 심리학 개론서는 그 양이 방대하고 용어와 서술 방식이 학문적이어서 일반인들이 읽기에 부담스럽다. 반면, 일반인을 위한 대중서는 깊이가 없는 경우가 많다.

이에 일반인들이 부담 없이 쉽게 읽고 이해할 수 있으면서 심리학에 대해서도 체계적으로 이해할 수 있는, 즉 두 마리 토끼를 잡을 수 있는 심리학 시리즈를 기획하게 되었다. 부담을 적게 하기 위해 심리학의 기본 주제별로 소책자 형식으로 만들기로 했으며, 체계적인 이해를 얻게 하기 위해 시리즈 형식으로 구성하기로 하였다. 각 권은 해당 주제의 기본 이론과 기본 과정을 쉽고 재미있게 집필하기로 하였고, 전체 구성이 일관되고 짜임새가 있도록 인지심리, 사회심리, 발달심리별로 책임 기획자를 선정하여 집필진을 구성하고 발간 작업을 진행하기로 하였다.

인지심리학은 우리가 어떻게 환경과 자신에 대해 아는지, 그리고 일상생활에서 직면하는 과제들을 수행하는 동안 이런 지식을 어떻게 활용하는지의 문제를 다루는 심리학의 한 분야다. 예를 들어, 인지심리학은 다음 사분기 경제 전망이 어둡다는 인터넷 기사를 보고 얼마 전부터 눈여겨보았던 새 옷 구입 계획을 취소하는 결정을 내리는 것처럼, 외부에서 일어나는 사건 자극이 감각기관에 입력되는 과정에서부터 행동으로 출력되기까지 과정의 처리 방식과 특징을 알아보려고

한다. 이를 알아보기 위해 심리학 시리즈에서는 인지심리학 관련 주
제로 아홉 권의 소책자를 기획하였다. 먼저, '뇌와 마음'에서는 사람의
인지 과정을 뇌의 활동 수준에서 설명하려는 연구들에 대해 알아본
다. 나머지 여덟 권('주의' '지각' '학습' '기억' '개념과 범주' '언어' '문제해결'
'사고')에서는 인지 과정의 대표적인 세부 과정별로 각 처리 과정의 특
징과 실생활에서의 응용 방안 등에 대해 알아본다. 인지심리학 시리
즈가 사람의 인지 과정에 대한 이해를 향상시키고, 이를 일상생활에
적용하려고 시도하는 데 기여하기를 바란다.

2011년

도경수

머리말 <<<

    사람은 살아가면서 이전에 했던 생각이나 행동을 반복하는 것이 아니라 주어진 정보들을 토대로 결론을 내리거나 비교를 하고 선택을 해야 한다. 다시 말해, 사람은 생각을 해야 한다. 우리는 사람이 생각을 할 수 있다는 점에서 다른 동물과 다르다고 주장한다. 아울러 사람이 합리적으로 추리하고, 판단하고, 결정을 내린다고 가정한다.

    정말 사람은 합리적으로 사고할까? 인류가 멸종되지 않고 아주 오랜 시간 동안 지구에서 살아오고 있다는 것은 살면서 닥쳐 온 많은 새로운 문제를 성공적으로 해결하고 살아남았음을 뜻하는 것이니, 총체적으로 인간이라는 종은 합리적으로 사고한다는 것을 보여 주는 증거가 될 수 있을 것이다. 인류가 아니라 한 사람을 놓고 봐도 그렇다. 대부분의 문제에 대해 제대로 결론을 내리고 현명한 선택을 하는 것을 보면 사람은 합리적으로 사고하는 것 같다. 그러니까 사람들이 정보처리를 하는 방식에 치명적인 결함은 없는 것 같다. 그런데 우리는 한번씩 잘못된 결론을 내리거나 어처구니없는 선택을 하는 경우를 보게 된다. 어떤 이유 때문에 이런 인지 버그를 보이는 것일까?

사람들은 일상적이지 않은 자극이나 상황에 일상적으로 사용하는 처리 방식이 적용되어서 착시 현상을 경험하게 된다. 사람들이 보이는 인지 버그는 해결해야 하는 문제나 상황이 일상적이지 않기 때문에 일어난 것일 수 있다. 심리학자들이 이러한 인지 버그를 통해 사람의 지각 시스템이 작동하는 원리에 대한 정보를 얻었듯이, 우리는 인지 버그를 통해 사람이라는 정보처리 체계가 작동하는 방식에 대해 유용한 정보를 얻을 수 있다. 예를 들어 보자. 우리는 종종 주변에서 다른 사람의 문제에 대해서는 현명한 해결책을 조언해 주면서 막상 자신의 중요한 문제에 대해서는 어처구니없는 선택을 하는 사람들을 만나게 된다. 다른 사람의 문제를 대하는 행동을 보면 그 사람의 정보처리 체계에는 문제가 없어 보인다. 그렇다면 그 사람에게는 '자기 문제'라는 점이 인지 버그를 작동시킨 것이라고 볼 수 있겠다.

『사고: 추리, 판단, 결정』에서는 이런 부분을 밝혀내는 데 도움이 되는 연구들에 대해 알아보려고 한다. 주어진 전제들에서 결론을 내릴 때(추리), 특정한 사건이 발생할 가능성을 추정할 때(판단), 그리고 여러 대안 중에서 하나를 선택할 때(결정) 어떤 버그들이 있는지 찾아보고, 이를 토대로 사람들이 사고하는 방식에 대한 이해를 넓히고자 한다.

이 책을 통해 사람의 사고 과정에 대한 이해가 향상되고, 이를 일상 생활에 적용해 보려 시도한다면 저자에게는 더없는 기쁨이 되겠다.

2019년 1월

도경수

차례 <<<

01
사고 개관 · 17

INTRODUCTION
TO
PSYCHOLOGY

01_

사고 개관

사람이 동물과 다른 점 중 하나는 사람은 생각할 수 있다는 점이다. 그런데 우리가 하는 생각에는 여러 유형이 있고, 사고 유형별로 관련된 요인이나 인지 과정이 다를 수 있다. 또 우리는 사람을 합리적으로 사고하는 존재라고 생각하지만, 합리적으로 사고할 때 선택할 것으로 예상되는 대안이 아닌 다른 대안을 선택하는 경우도 많다. 이 장에서는 사고 유형과 사고에 영향을 미치는 요인들에 대해 알아본다.

사람이 동물과 다른 점 중 하나는 사람은 생각(사고)할 수 있다는 점이다. 동물도 생각할 수 있다는 연구 결과들도 보고되고 있지만, 사람만큼 다양하고 유연하게 사고한다고 보기는 어렵다. 그럼 생각한다는 것은 무엇일까? 이 질문에 대한 답을 얻을 수 있는 한 가지 방법은 사람들이 언제 '생각'이라는 단어를 사용하는지 살펴보는 것이다. 우리는 "생각이 안 나." "생각 좀 해 봐."라는 말을 흔히 사용하는데, 전자의 경우는 기억이 안 난다는 뜻이고, 후자의 경우는 늘 하던 대로 하지 말고 새로운 방법을 찾아보라는 의미로 사용된다. 심리학에서 생각에 대해 연구한다고 할 때 생각의 의미는 이 중 두 번째에 가깝다. 즉, 기존 방법이 효과가 있을지 따져 보거나, 그 상황을 새롭게 해석하거나, 그 상황에서 벗어날 새로운 방법을 찾아보라는 의미로 많이 사용한다.

사고한다는 것은 여러 가지 인지 과정을 포함하는 경우가 많은데, 그 과정들을 자각할 필요는 없다. 흔히 볼 수 있는 예를 하나 들어 보자. 휴식 시간에 동료들과 잡담을 하고 있는데 늘 웃는 얼굴이던 다른 동료가 얼굴을 찌푸리고 나타난다면 왜 그러는지 그 이유를 찾아보려고 한다. 중요한 작업을 하고 있는데 방해가 되니 조용히 해 달라고 따지러 오는 것일 수도 있고, 집에 안 좋은 일이 있어서 심란한 것일 수도 있고, 속이 불편하기 때문일 수도 있는데, 여러 가지 정황을 따져 볼 때 속이 불편해서 얼굴을 찌푸리고 나타난 것 같다고 판단되면 속을 편하게 하는 따뜻한 음료를 건네는 행동을 할 수 있다. 이 예에서처럼 우리는 일상생활에서 여러 정보를 종합해서 추리한 결과를 토대로 가능한 원인들 중에 어느 것이 원인일 가능성이 높은지 판단하고, 원인일 것이라고 판단한 사건과 관련된 지식을 이용해서 효과적일 것 같은 방안을 선택하는 결정을 내린다. 물론 자기가 그런 인지 과정을 수행하고 있다는 것을 자각할 필요는 없다. 우리가 자각하지 못하는 경우에도 추리, 판단, 결정과 같은 인지 과정이 일어난다.

또 우리는 사람을 합리적으로 사고하는 존재라고 생각한다. 합리적으로 사고하려면 사고에 포함된 여러 인지 과정이 모두 합리적으로 수행되어야 한다. 과연 그럴까? 이 질문에 답하려면 사람의 사고가 한 가지 유형인지 아니면 여러 가지 유형인지를 생각해 볼 필요가 있다. 만약 후자가 맞다면 각 유형이 합리적인지를 판단해 보아야 할 것이다.

1. 사고 유형

1) 사고 유형: 추리, 판단, 결정

사고 유형은 사고의 대상과 결과물을 토대로 나누기도 하고, 사고의 정보처리 방식에 근거해서 나누기도 한다. 사고의 대상과 결과물을 토대로 나누는 방식이 전통적으로 사용되어 온 분류 방식이니 그에 기초한 사고 유형에 대해 알아보자.

사고의 대상과 결과물을 토대로 사고 유형을 나눌 경우 추리, 결정,

문제해결의 세 유형으로 나누기도 하는데, 두 개 이상의 전제들에서 결론을 내리는 사고를 추리(reasoning), 대안들의 확률이나 효용을 따져 보고 선택하는 사고를 결정(decision making), 그리고 현재 상태와 원하는 상태가 다를 경우 원하는 상태로 도달하게 하는 방안을 찾는 사고를 문제해결(problem solving)이라 부른다. '문제해결'은 심리학 입문 시리즈 인지 및 생물심리에서 한 권의 책으로 발간되었기 때문에 여기서는 추리와 결정에 대해 살펴보겠다. 이 책에서는 추리와 결정을 좀 더 세분해서 추리를 다시 연역 추리, 귀납 추리, 논증의 세 유형으로, 결정은 판단과 의사결정으로 나누어 서술하였다. 이제 이 다섯 유형에 대해 간단하게 알아보자.

두 개 이상의 전제들에서 결론을 내리는 사고인 추리에서는 연역 추리와 귀납 추리가 주로 연구되어 왔다. 연역 추리와 귀납 추리는 결론이 확실한가 아닌가를 토대로 구분한다. 즉, 전제들이 참이면 결론은 참이어야 하는 추리를 연역 추리라 하고, 전제들이 참이어도 결론은 참이 아닐 수도 있는 추리를 귀납 추리라 한다. 일반 원리를 전제로 해서 특수 사례에 그 원리를 적용하는 추리(예, 모든 백조는 희다. 연못에 있는 새는 백조다. 따라서 연못에 있는 새는 희다)가 연역 추리의 예로 널리 알려져 있는데, 이 추리 문제에서 '모든 백조는 희다'라는 전제와 '연못에 있는 새는 백조다'라는 전제가 모두 참이라면 '연못에 있는 새는 희다'라는 결론은 참이어야 한다. 귀납 추리의 예로는 특수 사례들을 전제로 해서 일반 원리를 도출하는 추리(예, 연못에 있는 백조는 희다. 강에 있는 백조는 희다. 따라서 모든 백조는 희다)가 많이 알려져 있는데, 이 경우에서는 여러 개의 전제가 참이어도 결론은 참이 아닐 수 있다.

논증(argument)은 결론이 참이라는 것을 증명하기 위해 여러 개의 전제와 결론을 제시하는 행위인데, 연역 추리와 귀납 추리를 토대로 결론이 설득력이 있는가를 다룬다. 논증은 연역 추리와 귀납 추리에 비해 상대적으로 덜 주목을 받아 왔는데, 최근 일부 연구자들이 추리, 특히 연역 추리는 논증을 위한 도구로 보아야 한다는 주장을 하면서 논증에 대한 관심이 증가하고 있다(Mercier & Sperber, 2017).

대안들의 확률이나 효용을 따져 보고 선택하는 사고인 결정은 다시 판단과 결정의 두 유형으로 나뉜다. 특정 사건이 발생할 확률이나 그 사건의 효용을 다루는 사고를 판단이라 하고, 두 개 이상의 후보들 중에서 하나를 고르는 사고를 결정이라 부르는데, 판단은 결정의 한 부분으로 사용되기도 한다.

지금까지 서술한 것처럼 추리와 결정은 사고의 대상도 다르고 결과물도 다르지만 공통점도 많다. 첫째, 이들은 목표지향적인 인지 과정이라는 특징을 갖는다. 추리에서는 결론을 내린다는 목표가 있고, 결정에서는 판단이나 선택을 한다는 목표가 있다. 둘째, 이런 처리를 할 때 심적 표상을 사용한다는 특징을 갖는다. 추리를 하거나 결정을 하려면 대상들을 비교하거나 대상들의 속성을 종합하는 처리를 해야 하는데, 실제로 대상을 종합하거나 비교하는 것이 아니라 마음속에서 그 대상들의 심적 표상을 종합하거나 비교한다. 예를 들어, 누가 집에 창이 몇 개 있는지 물어보면 머릿속에 우리 집을 떠올리고 창의 개수

를 세어 보고 답한다. 머릿속에 떠올린 집이 우리가 사용하는 심적 표
상이다. 심적 표상을 사용하다 보니 우리가 사용하는 심적 표상이 실
제 대상과 다른 부분이 있다면 틀린 답을 할 것이고, 우리가 사용할
수 있는 심적 표상이 한 가지가 아니라 두 가지 이상이라면 어떤 심적
표상을 사용하느냐에 따라 사고에 작동하는 원리가 달라질 수 있다.
그래서 심적 표상은 사고 연구에서 중요한 연구 문제가 된다. 셋째,
결론이나 선택이라는 결과물을 얻기까지의 과정이 마음속에서 일어
나기 때문에 마음이 작동하는 방식의 제약을 받는다. 이 부분은 곧이
어 나오는 작업기억과 지식 항목에서 좀 더 자세히 다룬다.

2) 심적 표상

앞에서 우리가 사고할 때 실제 대상을 종합하거나 비교하는 것이
아니라 마음속에서 그 대상들의 심적 표상을 종합하거나 비교하는 것
이라고 서술했는데, 사고할 때 사용하는 심적 표상은 한 가지일까, 아
니면 그 이상일까? 많은 심리학자는 사람들이 사고를 할 때 심상이나
명제로 표상된 정보를 사용한다고 생각한다.

집에 창이 몇 개 있는지 물어보는 문제와 상어가 알을 낳는지 답해
야 하는 문제를 이용해서 심적 표상이라는 문제에 대해 생각해 보자.
집에 창이 몇 개 있는지 물어보면 머릿속에 우리 집을 떠올린 다음 창
의 개수를 세어 보고 답한다. 마치 머릿속에 칠판 같은 게 있어서 거
기에 집을 그려 보는 것처럼 보인다. 심리학자들은 머릿속에 그려진

그림 같은 표상을 심상(mental image)이라 부른다.

　이제 상어가 알을 낳는지 답해야 하는 문제를 풀 때 내 머릿속에서는 어떤 일이 일어날지에 대해 생각해 보자. 이 경우에는 머릿속에 상어를 그려 보는 게 아니라 답을 기억해 내려고 애쓴다. 안타깝게도 답이 기억에서 곧장 떠오르지 않으면 생각을 해야 한다. 상어는 물고기이고, 물고기는 알을 낳는다는 사실이 생각나면 우리는 그 정보를 종합해서 상어는 알을 낳는 것 같다고 대답한다. 상어 문제를 푸는 과정을 생각하면서 우리는 심적 표상과 관련해서 다음과 같은 사실을 알수 있다. 머릿속에서 상어 형태를 그려 보는 것은 상어 문제를 푸는데 도움이 되지 않는 것을 보면 이때 사용하는 심적 표상이 심상은 아닌 것 같다. 그 대신 '상어는 물고기다' '물고기는 알을 낳는다'와 같은 정보를 이용해서 문제를 푼 것 같은데, '상어는 물고기다'와 같은 정보들은 어떻게 표상되어 있을까? 심리학에서는 이런 정보들은 명제(proposition)라는 형태로 표상된다고 본다. '상어는 물고기다'라는 진술문과 '물고기는 알을 낳는다'라는 진술문은 각기 하나의 술어(이다, 낳는다)와 그 술어와 관련된 논항들(상어, 물고기, 알)로 구성되어 그 진술문이 참인지 거짓인지 판단할 수 있다. 심리학에서는 하나의 술어와 그 술어와 관련된 논항으로 구성되어 있으며, 진위를 판단할 수 있는 단위를 명제라고 본다.

2. 사고에 영향을 미치는 요인: 작업기억, 관련 지식

사람들이 사고를 하는 데는 사고 대상과 관련된 지식, 사고 방법에 대한 지식, 자기의 사고에 대해 판단하는 능력, 사고하는 것에 대한 태도, 작업기억과 같은 여러 요인이 영향을 미친다(Halpern, 2015). 각각에 대해 알아보도록 하자.

사고에 영향을 미치는 첫 번째 요인은 사고 대상과 관련된 지식의 양이다. 노후를 대비하는 투자 문제를 결정할 때 사람들은 전문가의 자문을 받는 경우가 많은데, 이 예는 관련 지식의 양이 사고에 큰 영향을 미친다는 것을 사람들이 안다는 것을 보여 준다. 왜 관련 지식이 많으면 더 효율적인 결정을 내릴 수 있을까? 일반적으로 관련 지식이 많으면 그 지식들이 위계적으로 조직화되어 있을 가능성이 높다. 그러니까 관련 지식이 많으면 관련 지식이 직접 인출될 가능성도 높지만 위계적인 사고를 할 수 있어서 더 효율적인 결정을 내릴 가능성이 커질 수 있다.

두 번째 요인은 사고 방법을 아느냐다. '모든 백조는 희다. 연못에 있는 새는 백조다. 따라서 연못에 있는 새는 희다.'와 같은 추리를 범주 삼단 추리라 하는데, 이 추리 문제에서 '모든 백조는 희다'라는 첫 번째 전제가 '어떤 백조는 희다'로 바뀌면 결론은 '연못에 있는 새의 색깔을 알 수 없다'가 된다. 어떻게 이 결론을 내리게 되었을까? 널리 알려진 방법은 그림을 그려서 추리하는 방법이다. 그렇지만 어떤 삼단 추리 문제에서는 가능한 경우의 수가 너무 많아서 그림을 그려서 추리하는 방법은 현실적이지 못할 수 있다. 그런데 범주 삼단 추리를 하는 방법 중에는 언어 규칙을 이용해서 추리하는 방법도 있다. 가능한 경우의 수가 많은 범주 삼단 추리 문제일 경우 그림을 그려 추리하면 틀린 추리를 할 가능성이 있지만 언어 규칙을 이용해서 추리하는 방법을 알면 상황은 달라질 수 있다.

세 번째 요인은 자기의 사고에 대해 판단하는 능력이 있느냐, 그리고 판단을 한다면 판단이 얼마나 정확하냐. 시험을 앞두고 공부할 때를 생각해 보자. 시간이 충분하다면 모든 범위를 다 공부하겠지만 시간이 충분하지 않을 경우엔 내용별로 시간을 할당하거나 우선순위를 정하게 된다. 이처럼 사람들은 어떤 결정을 할 때 자기의 사고나 학습 정도에 대해 판단하고, 또 그럴 때에는 어떤 방법이 더 효율적일지에 대한 지식을 이용해서 결정을 내린다. 자기의 사고나 학습 정도에 대한 판단과 언제 어떤 방법이 효율적일지 등에 대한 판단을 초인지(metacognition) 판단이라 하는데, 자발적으로 초인지 판단을 하느냐, 그리고 초인지 판단이 얼마나 정확하냐에 따라 사고의 질이 달라질 수 있다.

네 번째 요인은 사고하는 것에 대한 태도다. 시간을 좀 더 들이더라도 정확하게 판단하는 것이 중요하다고 생각하는 사람과 그렇지 않은 사람의 사고의 질은 달라질 수 있다. 전자의 사람은 자기가 생각한 것 외의 다른 가능성을 생각하는 정도가 더 높을 것이다.

다섯 번째 요인은 작업기억이다. 앞에서도 잠깐 언급했듯이 전제를 종합하고 대안들을 비교하는 것과 같은 사고 과정은 마음속에서 일어나는데, 이런 사고 과정이 일어나는 심리적 작업 공간을 작업기억(working memory)이라고 부른다(Baddeley, 1986). 그런데 작업기억은 용량이 제한되어 있어서 한 번에 두 과제를 하는 것이 불가능한 경우가 많다. 사고라고 부르기는 그렇지만 암산을 예로 들어 보자. 한 자리 숫자 두 개를 곱하는 것은 아주 쉽지만, 두 자리 숫자를 곱하려면 주의를 기울여야 한다. 그러니까 두 자리 숫자를 곱하는 것은 작업기억을 제법 필요로 한다. 이제 문서 편집과 암산을 같이 할 수 있는지 생각해 보자. 문서 편집을 하고 있는데 누가 "7×9는 얼마?"라고 물으면 문서 편집 작업을 하면서도 "63"이라고 답한다. 그러나 14×27처럼 두 자리 숫자 두 개를 곱하는 문제를 물으면 사정은 아주 달라진다. 문서 편집 작업을 계속하면서 "378"이라고 답하는 사람은 찾기 어렵다. 아마 대부분의 사람은 문서 편집 작업이 더 우선순위이기 때문에 "일하는 데 방해하지 마."라고 퉁명스럽게 한마디 할 것이다. 이 예를 통해 우리는 작업기억은 용량이 제한되어 있어서 동시에 두 가지를 하는 것은 아주 어렵다는 것과, 두 가지 이상의 과제를 해야 할 때 어느 과제에 우선순위를 주느냐가 사고에 큰 영향을 미친다는 것을 알 수 있다.

작업기억의 용량이 제한되어 있다는 것은 하나의 과제만 수행할 때에도 큰 영향을 미친다. 합리적인 사고를 하려면 관련된 모든 정보와 규칙을 사용해야 한다[이런 과정을 거쳐야 한다고 주장하는 이론을 규범 이론(normative theory)이라 한다]. 그런데 정보를 종합하고 비교하고 선택하는 사고 과정은 작업기억을 필요로 한다. 그러다 보면 고려해야 할 후보 대상이 많거나 후보 대상별로 따져 보아야 할 정보가 많으면 하나의 과제만 수행할 때에도 규범 이론이 권장하는 방식을 따르기가 어려운 경우가 생긴다. 이럴 경우 사람들은 작업기억의 부담을 줄이기 위해 어림법(heuristics)이라 불리는 여러 가지 방편을 사용하게 되고, 특정한 방향으로 행동하는 편향(bias)들을 보여 주게 된다. 그래서 사람들은 종종 규범 이론이 예상하는 것과 다른 결론을 내리거나 다른 대안을 선택하기도 한다. 심리학에서는 사람들의 실제 사고 과정을 서술하고 설명하려는 기술 이론(descriptive theory)을 찾아내는 작업을 한다. 이 부분은 앞으로 우리가 사고 유형별로 특징을 다룰 때 자세하게 보게 된다. 이제부터 앞에서 말한 다섯 가지 유형의 사고에 대해 알아보자.

INTRODUCTION
TO
PSYCHOLOGY

02 _

연역 추리

두 개 이상의 전제에서 결론을 도출하는 사고인 추리에는 크게 연역 추리와 귀납 추리가 있다. 이 장에서는 사람들이 어떻게 연역 추리를 하는지에 대해 알아본다. 논리학에 따르면 연역 추리는 전제들이 참이면 결론은 항상 참인 추리고, 전제와 결론으로 주어지는 내용의 영향을 받지 않는 추리다. 그러나 사람들이 연역 추리를 얼마나 잘하는지, 그리고 어떤 요인들이 연역 추리에 영향을 미치는지에 대한 심리학 연구들은 연역 추리 문제 유형에 따라 사람들이 추리하는 결과가 논리학에서 규정하는 것과 다른 경우가 있다는 것과 사람들이 전제나 결론에 서술된 내용의 영향을 받는다는 것을 보여 준다. 이제 연역 추리에 대해 좀 더 자세히 알아보도록 하자.

1. 연역 추리

1) 연역 추리 개관

연역 추리에서는 전제들이 모두 참이면 결론은 참이어야 한다. 전제들이 모두 참일 때 결론이 참인 추리를 연역적으로 타당한 (deductively valid) 추리라 하고, 전제들이 모두 참인데 결론이 참이 아닌 추리는 연역적으로 타당하지 않다고 한다. 예를 들어 보자.

> 전제 1: 비가 오면 실내에서 수업을 한다.
> 전제 2: 비가 온다.
>
> 결론: 그러면 실내에서 수업을 하네.

이 추리는 연역적으로 타당한 추리다. 첫 번째 전제에서 비가 올 경우에는 실내에서 수업을 한다고 한정하였는데, 두 번째 전제에서 비가 온다는 정보를 주었다. 따라서 두 전제가 참이라면 "그러면 실내에서 수업을 하네."라는 결론은 참이 된다.

이제 두 번째 전제를 "비가 오지 않는다."로 바꿔 보자.

> 전제 1: 비가 오면 실내에서 수업을 한다.
> 전제 2: 비가 오지 않는다.
>
> 결론: 그러면 실내에서 수업을 하지 않겠네.

적지 않은 수의 사람은 "그러면 실내에서 수업을 하지 않겠네."라는 결론이 타당하다고 생각한다. 그러나 "그러면 실내에서 수업을 하지 않겠네."라는 추리는 그럴싸한 추리기는 해도 연역적으로 타당한 추리는 아니다. 첫 번째 전제에서 비가 올 경우에는 실내에서 수업을 한다고 한정하였지만, 비가 오지 않을 경우에는 수업을 실내에서 할지 아니면 실외에서 할지 한정하지 않았다. 그러니까 비가 오지 않을 때 실내에서 수업을 해도 첫 번째 전제는 참이 되고 실내에서 수업을 하지 않아도 첫 번째 전제는 참이 된다. 따라서 두 번째 전제로 '비가 오지 않는다'는 정보가 주어졌을 때 우리는 어디에서 수업할지에 대해 확실하게 결론을 내릴 수 없다. 즉, "실내에서 수업을 하지 않겠네."라는 결론은 항상 참일 수가 없다. 그래서 이 문제는 타당한 결론을 내릴 수 없는 문제다.

이쯤에서 연역 추리와 관련해서 꼭 짚고 넘어가야 할 것이 있다. 연역 추리에서는 전제와 결론이 어떤 형태로 연결되었느냐를 토대로 타당한 추리인지 아닌지를 판단한다는 점이다. 그러나 많은 사람이 이것을 이해하지 못하고 전제나 결론이 사실인지를 토대로 그 추리가 타당한지를 판단하는 오류를 범한다. 심리학자 헨레(Henle, 1962)는 이를 논리 과제 이해 오류(failure to accept the logical task)라고 명명했다. 다음 예들을 보자.

백조 문제

전제 1 : 모든 백조는 희다.

전제 2 : 연못에 있는 새는 백조다.

결론 : 따라서 연못에 있는 새는 희다.

날개 문제

전제 1 : 모든 사람은 겨드랑이에 날개가 있다.

전제 2 : 철호는 사람이다.

결론 : 따라서 철호는 겨드랑이에 날개가 있다.

이 두 문제는 형태가 똑같다. 앞에서 연역 추리에서는 전제와 결론이 어떤 형태로 연결되었느냐를 토대로 타당한 추리인지 아닌지를 판단한다고 서술했다. 그렇다면 백조 문제와 날개 문제는 형태가 같으니까 둘 다 타당한 추리든지 둘 다 타당하지 않은 추리여야 한다. 이 두 문제는 연역적으로 타당한 추리다. 그러나 많은 사람은 백조 문제는 타당한 추리라고 생각하면서도, 날개 문제에 대해서는 전제 1이 사실이 아니기 때문에 타당한 추리라고 쉽게 판단하지 못한다. 연역 추리에서는 내용이 아니라 형태를 보고 타당한 추리인지를 판단해야 하는데, 사람들은 그 원리를 쉽게 받아들이지 못한다. 여러분 중에는 여전히 날개 문제가 연역적으로 타당한 추리라는 것에 대해 미심쩍어하는 분들이 있을 수 있는데, 다시 말하지만 연역 추리에서는 형태를 위주로 판단한다는 것을 유념하도록 하자. 참고로 타당하냐와 사실

이냐의 문제는 아주 중요한 문제인데, 이는 논증에서 다시 다루기로
한다.

백조 문제와 날개 문제에서 보았듯이 논리학에서 요구하는 추리와
사람들이 실제로 행하는 추리에는 제법 차이가 있다. 사람들이 연역
추리를 할 때 어떤 특징을 보이는지 알아보기에 앞서 연역 추리가 일
상생활과 얼마나 관련이 있는지 잠시 살펴보자.

2) 연역 추리와 일상적인 추리

날개 문제를 보면 연역 추리는 논리학자들의 연구 대상일 뿐이지
우리가 일상적으로 하는 추리와 별 관련이 없는 것으로 오해할 수 있
는데, 연역 추리는 일상생활에서 많이 사용되고 있다. 우리는 다른 사
람을 설득하거나 다른 사람의 설득을 받는 일이 많은데, 남을 설득하
려면 내가 주장하는 바와 그 주장을 뒷받침하는 근거들을 말해야 한
다. 그리고 설득에 성공하려면 전제들을 토대로 내린 결론이 그럴싸
해야 하는데, 그러려면 전제에서 내린 결론이 타당해야 한다. 그러니
까 설득을 생성하거나 평가하는 과정에 연역 추리가 많이 사용된다.

예를 들어 보자. 안락사를 허용할 것인가라는 문제는 윤리적으로
아주 민감한 문제인데, 안락사를 허용하는 것에 반대하는 입장에서는
다음과 같이 주장할 수 있다.

사람이 죽는 것을 도와주는 것은 간접적인 살인이다. 살인은 허용해
서는 안 된다. 따라서 사람이 죽는 것을 도와주는 안락사는 허용해
서는 안 된다.

이 논증을 수용할 것이냐는 결정을 내릴 때 "안락사는 사람이 죽는
것을 도와주는 것이다. 사람이 죽는 것을 도와주는 것은 간접적인 살
인이다. 살인은 허용해서는 안 된다."라는 전제들에서 "안락사는 허
용해서는 안 된다."는 결론을 내리는 것을 타당한 추리라고 판단하느
냐가 상당히 큰 부분을 차지하게 된다. 타당한 추리라고 판단되면 이
논증은 설득력을 가질 수 있지만, 타당한 추리가 아니라고 판단되면
이 논증은 설득력을 갖기 어렵다.

설득 과정에서 연역 추리가 많이 사용된다는 것은 사람들이 비교
적 정확하게 연역 추리를 한다는 것을 시사하는데, 정말 사람들은 연
역 추리를 잘할까? 조건 추리(conditional reasoning)와 범주 삼단 추리
(syllogistic reasoning)에 대한 연구 결과들을 이용해서 사람들이 연역
추리를 잘 하는지, 그리고 어떤 요인들이 연역 추리에 영향을 미치는
지에 대해 살펴보자.

2. 명제 추리

연역 추리에서는 전제들이 참이면 결론이 참이어야 한다고 여러

2. 명제 추리   35

번 서술했는데, 심리학에서는 진위를 판단할 수 있는 최소 단위를 명제라고 본다. 따라서 전제와 결론은 명제여야 하고, 그래서 연역 추리를 명제 추리라 부르기도 한다. 명제는 다시 "코끼리는 코가 크다"와 같이 명제가 한 개만 있는 단순 명제(simple proposition, atomic proposition)와 '그리고' '이거나' '…이라면'이라는 논리 연결사(logical connectives)를 이용하여 두 개 이상의 단순 명제를 조합한 복합 명제(compound proposition)로 나뉘는데, 연역 추리에서는 단순 명제나 복합 명제가 전제나 결론의 진술문으로 제시된다.

연역 추리에서 많이 사용하는 복합 명제에는 두 개의 단순 명제가 다 참이어야 하는 연접 명제(conjunctive; 예, "코끼리가 코가 크고, 그리고 하마가 뿔이 있다"), 둘 중 적어도 하나는 참이어야 하는 이접 명제(disjunctive; 예, "코끼리가 코가 크거나, 하마가 뿔이 있다"), 그리고 두 명제 간의 관계를 서술하는 조건 명제(conditional; 예, "코끼리가 코가 크면 하마가 뿔이 있다") 등이 있는데, 이 복합 명제들은 〈표 2-1〉과 같은 진릿값을 갖는다.

〈표 2-1〉 복합 명제별 진릿값

p	q	연접 (p & q)	이접(p or q)		조건(if p, then q)	
			포함적 이접	배타적 이접	함축	등가
T	T	T	T	F	T	T
T	F	F	T	T	F	F
T	F	F	T	T	T	F
F	F	F	F	F	T	T

* T는 참, F는 거짓을 뜻함. 논리학에서는 이접 명제는 포함적 이접으로, 조건 명제는 함축으로 가정한다.

〈표 2-1〉을 보면 알 수 있듯이 연접은 연접에 포함된 명제들이 모두 참일 때에만 참이다. 이접에는 포함적 이접(inclusive disjunctive)과 배타적 이접(exclusive disjunctive)의 두 가지가 있는데, 이 둘의 진리표는 조금 다르다. 포함적 이접에서는 두 개의 명제 중 적어도 하나가 참이면 참이 된다. 예를 들어, "철수가 키가 크거나 경호가 키가 크다."라는 복합 명제는 철수나 경호 중 한 명만 키가 커도 참이지만 철수와 경호 두 사람이 다 키가 커도 참이 된다. 그래서 포함적 이접이라 불린다. 그에 반해 배타적 이접에서는 두 개의 명제 중 하나만 참일 때 참이 된다. "오늘 철수가 쓰고 온 모자는 체크무늬거나 줄무늬다."라는 이접 명제에서 철수의 모자는 체크무늬거나 줄무늬지, 체크무늬면서 줄무늬일 수는 없다. 둘 다 참인 경우는 배제하기 때문에 배타적 이접이라 불린다. 참고로 논리학에서는 특별한 언급이 없으면 이접을 포함적 이접으로 해석한다.

조건 명제는 'p이면 q이다'의 형태를 취하는데, 여기서 p를 전건(antecedent), q를 후건(consequent)이라 부른다. 조건 명제의 진리표는 조건 명제를 어떻게 해석하느냐에 따라 여러 가지가 가능하다. 논리학에서는 'p이면 q이다'를 "비가 오면 실내에서 수업을 한다." 예에서처럼 p가 참일 때는 q가 참이어야 하지만, p가 거짓일 때는 q는 참이어도 되고 거짓이어도 된다고 판단한다. 이를 조건 명제를 함축(implication)으로 해석한다고 한다. 그러나 일반 사람들은 'p이면 q이다'라는 조건 명제를 '오직 p일 때만 q이다'라는 등가(equivalence)로 이해하기도 한다. "스위치를 올리면 불이 들어온다."라는 조건문을 들으면 사람들은 스위치를 올리면 불이 들어오지만, 스위치를 올리지 않으면 불이 들어오지 않는 것으로 이해한다. 이 경우에는 〈표 2-1〉에서 볼 수 있듯이 p와 q가 모두 참일 때와 p와 q가 모두 거짓일 때에만 조건 명제는 참이 된다.

연역 추리 문제에서 타당한 결론이 무엇인지는 어떻게 알 수 있을까? 두 개의 전제가 참일 때 참인 결론이 연역적으로 타당한 결론이니까 언제 두 개의 전제가 참인지를 찾아보면 타당한 결론이 있는지 알 수 있다. 다시 말해 〈표 2-1〉의 진리표에서 전제로 주어지는 명제가 다 참인 경우를 보면 타당한 결론이 있는지 알 수 있다.

그럼 사람들은 논리학에서 제안하는 진리표처럼 명제 추리를 할까? 사람들이 어떻게 명제 추리를 하는지 알아보기 위해 흔히 사용하는 방법으로 논리 연결사가 포함된 복합 명제(p와 q, p거나 q, p이면 q)를 두 개의 전제 중 하나로 주고, 복합 명제를 구성하는 두 개의 단순 명제 중 하나의 진위를 서술하는 단순 명제(예, p이다, p가 아니다, q이다, q가 아니다)를 또 다른 전제로 준다. 그리고서 사람들이 전제에서 진위가 언급되지 않은 나머지 단순 명제의 진위에 대해 직접 결론을 내리게 하거나(생성과제) 연구자가 제시하는 특정 결론이 타당한지 판단하게 하는 방법(판단과제)을 사용한다. 그러니까 연접 추리, 이접 추리, 조건 추리 모두 각기 네 가지 유형의 문제가 있게 된다. 두 가지 해석이 가능한 복합 명제인 이접 명제와 조건 명제가 사용된 이접 추리와 조건 추리 연구를 통해 사람들이 논리학에서 제안하는 진리표처럼 명제 추리를 하는지에 대해 알아보도록 한다.

3. 이접 추리

〈표 2-2〉를 보면 이접을 포함적 이접으로 해석하느냐, 아니면 배
타적 이접으로 해석하느냐에 따라 진리표가 다른 것을 알 수 있다(그
래도 논리학에서는 포함적 이접을 기본으로 한다는 점을 잊지는 말자). 〈표
2-3〉에 나타난 네 개의 문제에서 문제 1과 3은 두 개의 단순 명제 중
하나가 참인 경우를 전제로 준 문제라서 긍정 추리 문제라 하고, 문제
2와 4는 두 개의 단순 명제 중 하나가 부정인 경우를 전제로 준 문제
니 부정 추리 문제라 부를 수 있는데, 부정 추리 문제인 문제 2와 4에
서는 이접을 어떻게 해석하는지에 상관없이 타당한 결론이 있지만,

〈표 2-2〉 이접 문제별 진릿값

	p	q	이접(p or q)	
			포함적 이접	배타적 이접
경우 1	T	T	T	F
경우 2	T	F	T	T
경우 3	F	T	T	T
경우 4	F	F	F	F

〈표 2-3〉 이접 추리 문제

		문제 1	문제 2	문제 3	문제 4
전제 1		p거나 q이다	p거나 q이다	p거나 q이다	p거나 q이다
전제 2		p이다	p가 아니다	q이다	q가 아니다
결론	포함	알 수 없다	q이다	알 수 없다	p이다
	배타	q가 아니다	q이다	p가 아니다	p이다

긍정 추리 문제인 문제 1과 3에서 사람들이 이접을 어떻게 해석하느냐에 따라 어떤 결론이 타당한 결론인지가 달라진다. 그러니까 긍정 추리 문제인 문제 1과 3에서 사람들이 어떤 답을 하는가를 보면 사람들이 이접을 포함적 이접으로 해석하는지, 아니면 배타적 이접으로 해석하는지 판별할 수 있다.

이접 명제를 포함적 이접으로 해석하면 어떤 문제에 타당한 답이 있는지 살펴보자. 〈표 2-2〉에서 볼 수 있듯이 포함적 이접으로 해석하면, 이접 명제인 전제 1의 경우 1, 2, 3에서 참이 된다. 이제 전제 2를 생각해 보자. 긍정 추리 문제를 살펴보자. 먼저 p가 참이라고 알려 준 문제 1을 보면, 전제 2가 참인 것은 경우 1과 2다. 따라서 경우 1과 2에서 두 전제가 다 참이 되는데, 경우 1과 2에서 q의 진위를 보면 q는 참이어도 되고(경우 1) 거짓이어도 된다(경우 2). 따라서 우리는 q의 진위에 대해서는 답을 할 수가 없다. 즉, 문제 1은 '타당한 결론이 없다'가 답이 된다. 같은 방법으로 우리는 또 다른 긍정 추리 문제인 문제 3도 타당한 결론이 없다는 것을 알 수 있다.

그러나 부정 추리 문제에는 타당한 답이 있다. p가 거짓이라고 알려 준 문제 2를 보자. 〈표 2-2〉에서 문제 2의 두 전제가 다 참인 것은 경우 3뿐이다. 따라서 우리는 'q는 참이다'라는 결론을 내릴 수 있게 된다. 또 다른 부정 추리 문제인 문제 4의 두 전제가 다 참인 것은 경우 2뿐이어서 'p는 참이다'라는 타당한 결론이 있다. 요약하자면 포함적 이접으로 해석할 경우 두 개의 단순 명제 중 하나가 참인 긍정 추리 문제에서는 타당한 답을 내릴 수 없지만, 두 개의 단순 명제 중 하나가 거짓인 부정 추리 문제에서는 타당한 답을 내릴 수 있다.

이접을 배타적 이접으로 해석하면 어떻게 될까? 〈표 2-2〉에서 볼 수 있듯이 배타적 이접으로 해석하면, 이접 명제인 전제 1은 경우 2와 3에서 참이 된다. 그런데 경우 2와 경우 3을 보면 p와 q 중에서 하나만 참이고, 다른 하나는 거짓이다. 따라서 배타적 이접으로 해석할 경우 긍정 추리 문제와 부정 추리 문제 모두 타당한 결론이 있게 된다.

실험실에서 이접 추리 문제를 주고 답하게 했을 때 사람들이 수행하는 방식은 약간 혼란스럽다(Evans, Newstead, & Byrne, 1993). 논리학이 제안하는 것처럼 사람들이 이접을 포함적 이접으로 이해한다면, 내용의 영향을 받지 않게 이접 명제를 'p거나 q이다'로 주는 추상적인 추리 문제에서는 이접을 포함적 이접으로 보아야 한다. 그런데 추상적인 추리 문제에서도 배타적 이접으로 해석하는 경향이 제법 보고되었다. p와 q 대신 구체적인 내용을 넣은 이접 추리 문제에서는 p와 q로 주어지는 내용에 따라 이접을 해석하는 방식이 달라지는 것을 알 수 있다. "컴퓨터 관련 학과를 졸업했거나 2년 이상의 실무 경력이 있으면 지원할 수 있다"와 같이 포함적 이접으로 해석되는 문제에서는 어떤 지원자가 컴퓨터 학과를 졸업했다고 해서 그 사람이 실무 경력이 있는지에 대해서는 자신 있게 판단할 수 없다. 그러나 "화요일까지 과제를 내거나 감점을 당하겠다"와 같은 배타적 이접으로 해석되는 문제에서는 화요일에 과제를 냈다면 감점을 당하지 않는다고 자신 있게 판단한다.

4. 조건 추리

사람들이 조건 추리를 수행하는 방식은 이접 추리보다 복잡하다.
조건 추리에 대해 연구할 때에도 조건 접속사가 포함된 조건 명제
'p이면 q이다'를 전제 1로 주고, 복합 명제를 구성하는 두 개의 단순
명제 중 하나의 진위를 서술하는 범주 명제(예, p이다, p가 아니다, q이
다, q가 아니다)를 전제 2로 주면 네 개의 문제가 만들어진다. 조건 추
리에서는 p를 전건(antecedent), q를 후건(consequent)이라 부르기 때
문에 네 문제가 각기 이름을 가지고 있다. 그리고 〈표 2-5〉에서 보듯

〈표 2-4〉 조건 추리의 진릿값

	p	q	p거나 q이다	
			함축	등가
경우 1	T	T	T	T
경우 2	T	F	F	F
경우 3	F	T	T	F
경우 4	F	F	T	T

〈표 2-5〉 조건 추리의 네 유형과 타당도 판단(Evans et al., 1993)

	긍정 논법	전건 부정	후건 긍정	부정 논법
전제 1	p거나 q이다	p거나 q이다	p거나 q이다	p거나 q이다
전제 2	p이다	p가 아니다	q이다	q가 아니다
결론	q이다	q가 아니다	p이다	p가 아니다
타당? (함축 기준)	예	아니요	아니요	예
"타당" 응답률(%)	90 ~ 100	23 ~ 75	41 ~ 81	40 ~ 80

이 네 개의 문제 유형별로 정확하게 추리하는 정도가 다르다.

네 개의 문제 중 전건 부정 문제(denying the antecedent)와 후건 긍정 문제(affirming the consequent)는 이름을 들으면 전건(p)과 후건(q) 중 어느 것의 긍정이나 부정이 범주 명제로 주어지는지 알 수 있다. 긍정 논법 문제(modus ponens)와 부정 논법 문제(modus tollens)는 이름만으로는 쉽게 연상되지 않는데, 긍정 논법 문제는 전건 긍정 문제고, 부정 논법 문제는 후건 부정 문제다.

이제 조건 명제를 함축으로 이해하면 네 유형별로 연역적으로 타당한 결론이 무엇인지 알아보자. 이접 추리에서 했던 것처럼 두 전제가 다 참인 경우에서 결론을 만들면 된다. 우선 조건 명제가 참이어야 하는데, 조건 명제를 함축으로 이해하면 〈표 2-4〉의 경우 1, 3, 4에서 조건 명제는 참이다. 이제 긍정 논법 문제를 살펴보자. 경우 1, 3, 4 중에 전제 2가 참인 것은 경우 1뿐이어서 'q이다'가 타당한 결론이 된다. 부정 논법 문제에서는 두 전제가 참인 것은 경우 4뿐이어서 'p가 아니다'라는 타당한 결론이 있다는 것을 알 수 있다. 그러나 전건 부정 문제와 후건 긍정 문제에서는 두 전제가 참인 경우가 두 개여서 타당한 결론이 없게 된다. 전건 부정 문제에서 두 전제가 참인 것은 경우 3과 4인데, 경우 3에서는 q가 참이고, 경우 4에서는 q가 거짓이어서 우리는 q의 진위에 대해 결론을 내릴 수 없다. 즉, 전건 부정 문제에는 타당한 결론이 없다. 같은 방법으로 해 보면 후건 긍정 문제에도 타당한 결론이 없다는 것을 알 수 있다. 요약하자면 조건 명제를 함축으로 이해할 경우 긍정 논법 문제와 부정 논법 문제에는 타당한 결론이 있지만 전건 부정 문제와 후건 긍정 문제에는 타당한 결론이 없다.

조건 명제를 등가로 이해하면 어떤 것이 타당한 결론일까? 조건 명제를 등가로 이해하면 조건 명제는 경우 1과 4에서 참이 된다. 그런데 경우 1에서는 p와 q가 모두 참이고, 경우 4에서는 p와 q가 모두 거짓이다. 즉, 조건 명제를 등가로 이해하면 조건 명제는 p와 q의 진위값이 같을 때에만 참이 된다. 따라서 조건 명제를 등가로 이해하면 네 문제 모두에 타당한 결론이 있게 된다. 후건 긍정 문제의 결론은 'p이다'가 되고, 전건 부정 문제의 결론은 'q가 아니다'가 된다.

지금까지 서술한 것을 요약하면 조건 명제를 어떻게 이해하는지와 상관없이 긍정 논법 문제와 부정 논법 문제에서는 타당한 결론이 있지만, 조건 명제를 어떻게 이해하는지에 따라서 전건 부정 문제와 후건 긍정 문제에서 타당한 결론이 다르다. 조건 명제를 함축으로 이해하면 이 두 문제에는 타당한 결론이 없고, 조건 명제를 등가로 이해하면 이 두 문제에도 분명한 결론이 있다. 이것은 전건 부정 문제와 후건 긍정 문제에 대해 어떤 답을 하는지를 보면 그 사람이 조건 명제를 어떤 의미로 이해했는지 알 수 있다는 것을 함의한다.

1) 문제 유형별 수행 특징

사람들이 어떻게 조건 추리를 하는지 알아보는 연구에서는 전제와 결론을 제시하고 그 추리가 타당한지 판단하게 하는 판단 과제가 많이 사용된다. 〈표 2-5〉의 네 번째 줄에는 조건 명제를 등가로 이해했

을 때의 결론을 적어 놓았다. 다섯 번째 줄은 조건 명제를 함축으로
이해할 경우 타당한 결론이 있는가를 표시한 것이고, 맨 마지막 줄은
네 번째 줄의 결론이 타당하다고 답한 백분율이다. 이 백분율은 각 연
구에서 사용한 조건 명제의 내용이 달라 연구별로 다를 수밖에 없는
데, 〈표 2-5〉에는 여러 연구에서 보고된 백분율의 범위를 적어 놓았
다(Evans et al., 1993). 사람들이 조건 명제를 함축으로 이해한다면 긍
정 논법과 부정 논법 문제에서는 네 번째 줄에 주어진 결론이 타당하
다고 대답하고, 전건 부정 문제와 후건 긍정 문제에서는 타당하지 않
다고 대답해야 한다. 그러나 조건 명제를 등가로 이해한다면 전건 부
정 문제와 후건 긍정 문제를 포함해서 모든 문제에서 네 번째 줄에 주
어진 결론이 타당하다고 대답해야 한다.

  그럼 사람들은 어떻게 조건 추리를 할까? 사람들의 수행은 규범 이
론에서 예상하는 것과 크게 두 가지 점에서 달랐다. 문제 유형에 따
라 수행 양상이 달랐고, 조건 추리 수행이 조건 명제 내용의 영향을
받았다.

  문제 유형별 수행 양상의 차이에 대해 알아보자. 〈표 2-5〉에 있는
결과는 두 가지 특징을 보여 준다. 첫째, 규범 이론에서 가정하는 것
처럼 조건 명제를 함축으로 이해하면 전건 부정 문제와 후건 긍정 문
제는 타당한 추리가 아니다. 그런데 이 두 문제에 대해 상당수의 사
람이 타당한 추리라고 답하는 추리 오류를 보였다. 둘째, 조건 명제를
함축으로 이해하건 등가로 이해하건 상관없이 타당한 추리인 긍정 논
법 문제와 부정 논법 문제의 수행이 상당히 달랐다. 긍정 논법 문제에

서는 거의 대부분의 사람이 옳게 답했지만, 부정 논법 문제에서는 상당수의 사람이 틀린 답을 했다. 즉, 사람들이 부정 논법 추리를 잘하지 못했다. 이들에 대해 좀 더 자세히 알아보자.

먼저, 전건 부정 문제와 후건 긍정 문제에서의 수행에 대해 알아보자. 이 두 문제를 타당한 추리라고 답하는 것은 논리학에서 제안하는 것과 다르게 판단하는 것이라서 논리학에서는 오류라고 본다. 전건 부정 문제에 타당한 결론이 있다고 판단하는 오류를 전건 부정 오류(fallacy of denying the antecedent)라 하고, 후건 긍정 문제에 타당한 결론이 있다고 판단하는 오류를 후건 긍정 오류(fallacy of affirming the consequent)라고 하는데, 이 두 오류를 범하는 사람이 많다는 결과는 상당수의 사람이 조건 명제를 등가로 이해하는 경향이 있다는 것을 시사한다(Taplin & Staudenmayer, 1973). 즉, 'p이면 q이다'를 '오직 p일 때만 q이다'로 이해하는 경향이 있다는 것이다.

전건 부정 오류와 후건 긍정 오류를 범하는 이유는 사람들이 조건 명제를 등가로 이해하기 때문이라고 했는데, 이 주장을 뒷받침할 증거가 있을까? 조건 서술문은 일상 대화에서도 많이 사용되는데, 일상 대화에서는 등가로 사용되는 경우가 많다. 일상 대화에서의 조건 서술문은 "잔을 떨어뜨리면 잔이 깨져." "열심히 공부하면 성공할 거야." "방을 정리하면 오락을 하게 해 줄게." "떠들면 벌을 받을 거야."와 같이 전건과 후건 간에 인과, 충고, 약속, 경고 등의 관계가 있는 경우에 많이 사용되는데, 대부분 등가의 의미로 사용된다(Evans et al., 1993). 예를 들어, "방을 정리하면 오락을 하게 해 줄게."라는 말은 방을 정리하면 오락을 할 수 있지만, 방을 정리하지 않으면 오락을 할 수 없다는 의미로 받아들여진다. 그러니까 일상 대화에서 조건 서술문이 등가로 많이 사용되기 때문에 실험실에서 조건 추리 과제를 할 경우에도 조건 명제를 등가의 의미로 해석할 가능성이 높다고 볼 수 있다.

이제 두 번째 특징에 대해 알아보자. 조건 명제를 함축으로 이해하건 등가로 이해하건 긍정 논법 문제와 부정 논법 문제는 타당한 결론이 있는 문제인데 수행이 상당히 다른 것은 어떻게 설명할 수 있을까? 〈표 2-5〉에서 보듯이 긍정 논법 문제에 대해서는 거의 100%의 사람들이 타당하다고 판단하는 데 반해, 부정 논법 문제에 대해서는 40% 정도의 사람들이 타당하지 않다고 판단했다. 사람들이 긍정 논법 문제는 잘하면서 부정 논법 문제를 잘하지 못하는 이유는 무엇일까? 이에 대해 대표적으로 두 가지 이유가 제안되었다. 하나는 부정 논법 규칙을 사람들이 잘 모른다는 설명이고, 다른 하나는 사람들이 후건 부정 사례를 잘 생각하지 못한다는 설명이다. 이 두 설명에 대한 자세한 서술은 조건 추리 방식에 대한 이론을 설명할 때까지 잠시 미루어 두고, 조건 추리의 수행이 조건 명제의 내용의 영향을 받는다는 것에 대해 알아보자.

2) 선택 과제

규범 이론에 따르면 연역 추리는 전제와 결론이 어떤 형태로 연결되었느냐를 토대로 타당한 추리인지를 판단하는 것이기 때문에 전제와 결론의 내용이 연역 추리에 영향을 미치면 안 된다. 그러나 사람들이 조건 추리를 하는 방식은 조건 명제에 담긴 내용에 따라 달라지는 것 같다. 앞에서 조건 명제의 전건과 후건 간에 인과, 충고, 약속, 경고 등의 관계가 있는 경우에는 조건 명제를 등가로 해석하는 경향이 있다고 했는데, 조건 명제의 내용이 조건 추리를 하는 방식에 영향을 미친다는 것은 선택 과제를 통해서 아주 잘 드러난다.

선택 과제는 웨이슨(Wason, 1966)이 고안한 과제로, 이 과제에서는 조건 명제로 서술된 규칙을 알려 준 다음, 네 개의 사례를 주고 그 규칙이 참인지 아닌지 알려면 반드시 조사해 보아야 하는 사례가 어느 것인지 고르게 한다. 그래서 이 과제를 선택 과제라 한다. 그런데 이 과제에서 주어지는 네 개의 사례는 규칙으로 제시된 조건 명제의 전건이나 후건의 진위에 해당하는 것이어서 〈표 2-5〉에서 본 네 가지 유형의 조건 추리 문제가 되는 셈이다.

널리 알려진 웨이슨의 카드 문제를 이용해서 선택 과제를 설명해 보자. 먼저 참가자들에게 한 면에는 글자가, 그리고 다른 면에는 숫자가 적힌 카드들이 있는데, 이 카드는 '한 면이 모음이면 다른 면은 홀수다'라는 규칙에 따라 만들어졌다고 알려 주었다. 이어서 [그림 2-1]과 같은 네 장의 카드를 보여 주고, '한 면이 모음이면 다른 면은 홀수다'라는 규칙이 참인지 아닌지 알려면 네 장의 카드 중에서 어떤 카드를 반드시 뒤집어 보아야 하는지 선택하게 하였다. 이 규칙이 참인지 거짓인지 알려면 글자와 숫자를 다 보아야 한다. 그런데 어떤 카드는 뒤집어서 다른 면을 보아도 규칙이 참인지 판단하는 데 도움이 되지

않을 수 있다. 그래서 규칙이 참인지 아닌지 판단하는 데 도움이 되는
카드만 고르게 한다.

[그림 2-1] 웨이슨이 고안한 선택 과제의 예
'한 면이 모음이면 다른 면은 홀수다'라는 조건 명제가
참인지 알아보기 위해 주어진 네 장의 카드

선택 과제의 묘미는 사람들이 어떤 카드를 고르는지를 보면 그 사
람이 규칙을 지지하는 확증 사례는 규칙이 참이라는 것을 증명할 수
없지만 규칙을 지지하지 않는 반증 사례는 규칙이 틀렸다는 것을 증
명한다는 반증 논리를 아는지 판단할 수 있다는 점이다. 그뿐만 아니
라 그 사람이 조건 명제를 어떻게 이해했는지도 판단할 수 있다.

반증 논리를 아는지 어떻게 판단할 수 있을까? 〈표 2-6〉을 보면
알 수 있듯이 어떤 카드든지 카드를 뒤집으면 나올 카드는 두 가지인
데, 그 때 나오는 카드는 확증 사례일 수도 있고, 반증 사례일 수도 있
고, 진위를 판단하는 데 무관한 사례일 수도 있다. 그런데 확증은 규
칙이 참이라는 것을 증명하지 못하지만, 반증은 규칙이 거짓이라는
것을 증명하니까 규칙이 참인지 거짓인지 판단하려면 카드를 뒤집었
을 때 나올 두 가지 카드 중 적어도 하나는 반증 사례여야 한다. 따라
서 어떤 사람이 그런 카드만 고른다면, 그 사람은 반증 논리를 확실하
게 아는 사람이라고 판단할 수 있다.

〈표 2-6〉 '한 면이 모음이면 다른 면은 홀수다' 문제에서 각 카드를 뒤집었을 때
의 결과

고른 카드	조건 추리	반대쪽의 결과	함축: 확증/반증?	등가: 확증/반증?
A	긍정 논법	홀수 짝수	확증 **반증**	확증 **반증**
D	전건 부정	홀수 짝수	무관 무관	**반증** 확증
7	후건 긍정	모음 자음	확증 무관	확증 **반증**
4	부정 논법	모음 자음	**반증** 무관	**반증** 확증

　〈표 2-6〉을 보면 '한 면이 모음이면 다른 면은 홀수다'라는 조건 명
제를 함축으로 이해할 경우에는 어떤 카드가 규칙이 참인지 판단하는
데 도움이 되는 정보인지 알 수 있다. 카드들을 하나씩 뒤집어 보자.
긍정 논법에 해당하는 모음 카드를 뒤집었는데 홀수가 나온다면 규칙
을 지지하는 것이니까 확증이 된다. 그러나 짝수가 나온다면 반증이
된다. 그렇다면 긍정 논법 카드는 변별력을 가진 카드인 것이고 반드
시 뒤집어 보아야 한다. 전건 부정 카드인 자음 카드를 뒤집어 보자.
전건 부정 문제는 타당한 결론이 없는 문제니까 뒤집었을 때 홀수가
나오든 짝수가 나오든 규칙이 참이 되어 변별력이 없다. 세 번째 후건
긍정 카드인 홀수 카드를 뒤집어 보자. 후건 긍정 문제는 타당한 결론
이 없는 문제니까 뒤집었을 때 자음이 나오든 모음이 나오든 규칙이
참이 되어 변별력이 없다. 뒤집었을 때 모음이 나오면 규칙을 확증하
는 것이 되지만, 뒤집었을 때 자음이 나오면 규칙의 진위를 따지는 데
별 관련이 없는 것으로 볼 수도 있다. 마지막으로 부정 논법 문제인

짝수 카드를 뒤집어 보자. 모음이 나오면 규칙에 어긋나는 반증 사례이므로 반증이 되지만, 자음이 나오면 규칙의 진위를 따지는데 별 관련이 없는 것으로 볼 수도 있다. 정리하자면 함축으로 이해하고 반증 논리를 안다면, 전건 긍정 카드와 후건 부정 카드만 선택해야 한다.

'한 면이 모음이면 다른 면은 홀수다'라는 조건 명제를 등가로 이해할 경우에는 사정이 다르다. 조건 명제를 등가로 해석하면 한 면이 모음이면 다른 면은 홀수여야 하고, 한 면이 자음이면 다른 면은 짝수여야 한다. 마찬가지로 한 면이 홀수이면 다른 면은 모음이어야 하고, 한 면이 짝수이면 다른 면은 자음이어야 한다. 그래서 〈표 2-6〉의 마지막 칸에 있는 것처럼 조건 명제를 등가로 이해할 경우에는 모든 카드가 변별력을 갖는다. 즉, 네 개의 카드를 다 뒤집어 보아야 한다.

카드 규칙을 사용한 선택 과제에서 사람들은 어떤 선택을 했을까? 카드 규칙을 함축으로 이해하고 반증 논리를 안다면 전건 긍정 카드와 후건 부정 카드만을 골라야 하는데, 여러 연구에서 그런 선택을 하는 사람의 비율은 10% 정도에 지나지 않았다(Evans et al., 1993). 조건 명제를 등가로 이해할 경우에는 네 개의 카드를 다 골라야 하는데, 이런 선택을 한 사람의 비율은 아주 낮았다. '한 면이 모음이면 다른 면은 홀수다'라는 규칙의 전건과 후건이 등가로 연결될 만한 관계(예, 인과나 약속)가 아니라는 점을 감안하면 네 개의 카드를 다 고른 사람이 거의 없는 것은 충분히 이해할 수 있다. 놀랍게도 상당수의 사람은 전건 긍정 카드 하나만 고르거나 전건 긍정 카드와 후건 긍정 카드 두 개를 골랐다(Wason, 1966).

어떤 카드를 골랐는지를 근거로 웨이슨과 존슨-레어드(Wason & Johnson-Laird, 1972)는 사람들을 세 유형으로 나누어 보았다. 첫 번째 유형은 확증 사례만 선택해서 반증 논리를 모르는 것으로 추정되는 유형으로, 전건 긍정 카드 하나만 고르거나 전건 긍정 카드와 후건 긍정 카드, 이렇게 두 장의 카드를 고르는 사람들을 이 유형에 포함시켰다. 웨이슨과 존슨-레어드는 이 유형을 무통찰 유형으로 분류했는데, 이 유형의 비율은 아주 높았다. 두 번째 유형은 반증 논리를 알지만 확증 논리도 사용하는 것으로 추정한 유형으로, 전건 긍정 카드, 후건 긍정 카드, 그리고 후건 부정 카드, 이렇게 세 장의 카드를 고른 사람들을 이 유형에 포함시켰다. 웨이슨과 존슨-레어드는 이 유형을 부분 통찰 유형이라 불렀다. 마지막 세 번째 유형은 확실하게 반증 논리를 사용하는 것으로 추정한 유형으로, 전건 긍정 카드와 후건 부정 카드, 이 두 장의 카드만 고른 사람들을 이 유형에 포함시켰다. 웨이슨과 존슨-레어드는 이 유형을 완전 통찰 유형이라 불렀다. 이들의 연구에서 완전 통찰 유형은 10% 정도였고, 부분 통찰 유형과 완전 통찰 유형을 합해도 20%를 조금 넘는 정도에 지나지 않았다. 반면에 많은 사람들이 확증 사례만 찾는 경향을 보였고, 웨이슨(1966)은 이를 확증 편향(confirmation bias)이라 불렀다.

3) 내용 효과

앞에서 선택 과제의 묘미는 사람들이 조건 명제를 어떻게 이해했는지 판단할 수 있다는 점이라고 서술했는데, 이에 대해 알아보자. 사람들에게 '한 면이 모음이면 다른 면은 홀수다'와 같이 전건과 후건 간에 특별한 이유가 없는 임의적인 관계인 조건 명제를 주고 선택 과제를 시키면, 많은 사람은 전건 긍정 카드나 전건 긍정 카드와 후건 긍정 카드를 선택하였고, 극히 일부의 사람들만 전건 긍정 카드와 후건 부정 카드를 선택하였다. 이 문제에서 사람들은 확증 편향을 강하게 보여 주었다.

  그러나 조건 명제의 전건과 후건이 행위를 하기 위한 전제 조건이나 의무 등으로 해석될 수 있는 경우에는 선택 과제에서의 수행이 크게 달라졌다. 이전에 영국에는 봉투를 봉하면 우표를 더 붙여야 하는 규칙이 있었다. 그래서 영국 대학생들에게 '봉투 뒷면을 봉하면 앞면에 5펜스 우표를 붙여야 한다'라는 조건 명제를 규칙으로 주고 이 규칙이 지켜지는지 알아보려면 네 개의 봉투 중 어느 것을 뒤집어 보아야 하는지 고르게 했다. 전건 긍정인 뒷면을 봉한 봉투, 전건 부정인 뒷면을 봉하지 않은 봉투, 후건 긍정인 5펜스 우표를 붙인 봉투, 후건 부정인 4펜스 우표를 붙인 봉투, 이렇게 네 개의 봉투를 주고 고르게 했더니 거의 대부분의 참가자가 뒷면을 봉한 봉투(전건 긍정)와 4펜스 우표를 붙인 봉투(후건 부정)를 많이 선택하였다(Johnson-Laird, Legrenzi, & Legrenzi, 1972). 카드 문제에서 전건 긍정과 후건 부정을 고른 참가자는 10%도 되지 않았는데 우표 문제에서는 거의 대부분의 참가자가 전건 긍정과 후건 부정을 골랐다. 이와 같이 조건 명제의 내용에 따라 선택 과제에서의 수행이 변하는 것을 내용 효과(content effect)라 한다.

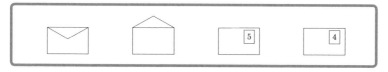

[그림 2-2] 우표 규칙을 이용한 선택 과제의 예
'봉투 뒷면을 봉하면 앞면에 5펜스 우표를 붙여야 한다'라는
조건 명제가 사용될 때 주어진 네 장의 카드

지금까지 서술한 조건 추리 연구 결과는 크게 세 가지로 요약할 수 있다. 첫째, 규범 이론에 따르면 전건 부정 문제와 후건 긍정 문제는 타당한 결론이 없는 문제인데, 상당수의 사람은 타당한 결론이 있다는 오류를 범한다. 그리고 사람들이 이런 오류를 범하는 이유는 조건 명제를 함축으로 이해하는 것이 아니라 등가로 이해하기 때문인 것으로 보인다. 둘째, 조건 명제를 함축으로 이해하든 등가로 이해하든 긍정 논법과 부정 논법 문제는 타당한 결론이 있는 문제인데, 사람들은 부정 논법 문제에 대해서는 어려움을 보인다. 셋째, 규범 이론에 따르면 조건 추리를 포함한 연역 추리는 전제나 결론의 형식을 보고 타당한 결론이 있는지 판단하는 것이어서 전제나 결론의 내용의 영향을 받지 말아야 하는데, 사람들은 조건 추리를 할 때 내용의 영향을 받는다.

4) 조건 추리 이론: 사람들은 어떻게 추리하나?

그럼 사람들이 어떻게 조건 추리를 하기에 이런 결과가 얻어지는 것일까? 사람들이 조건 추리를 하는 방식에 대해 규칙 이론과 심성모형 이론이 제안되었다. 그리고 조건 추리 중에서 선택 과제에서의 내용 효과를 설명하는 이론으로 추리 도식 이론이 제안되었다.

(1) 규칙 이론

규칙 이론에서는 사람들이 추리 규칙에 따라 추리한다고 주장한다 (Braine, 1978; Rips, 1994). 그렇지만 논리학에서 제안하는 다양한 추리 규칙을 모두 이용하는 것이 아니라 그중 몇 가지의 심성 추리 규칙을 이용해서 추리한다고 가정한다.

규칙 이론에서는 처리 과정을 세 단계로 나눈다. 추리 규칙을 적용할 수 있게 전제들을 논리적 형태로 표현(변형)하는 단계, 이렇게 논리적 형태로 표현된 전제들에 추리 규칙을 적용하여 부호로 표현된 결론을 내리는 추리 단계, 그리고 논리적 형태로 표현된 결론에 전제에 있는 내용을 대입하는 단계의 세 단계 처리 과정을 제안한다. 예를 들어, 누가 "철수가 어디 있지?"라고 물었을 때 누군가가 "철수는 과제가 있으면 도서관에 가. 그런데 철수는 과제가 있어."라고 답하면 철수가 도서관에 있다고 판단한다. "철수는 과제가 있으면 도서관에 가."를 'p이면 q이다'로, "과제가 있어."를 'p이다'로 표현하면, 이 문제는 긍정 논법 문제가 되므로 추리 규칙에 따라 결론은 'q이다'가 된다. 이제 q에 원래 문제를 대입하면 "철수는 도서관에 있다."가 결론이 된다.

규칙 이론은 두 가지의 추리 오류를 범하는 것과 부정 논법을 잘하지 못하는 현상을 설명할 수 있다. 먼저, 전건 부정 오류와 후건 긍정 오류는 조건 명제를 함축이 아니라 등가로 이해하기 때문에 발생하는

것으로 설명한다. 사람들이 부정 논법 추리에서 어려움을 겪는 것은
규칙 이론은 다음과 같이 설명한다. 대부분의 규칙 이론에서 긍정 논
법 규칙은 심성 추리 규칙에 들어 있다고 가정하지만, 부정 논법 규칙
은 심성 추리 규칙에 들어 있다고 가정하지 않는다. 그래서 부정 논법
추리를 하려면 기본적인 추리 규칙들을 이용해서 부정 논법 추리 규
칙을 도출해야 한다. 그러다 보니 시간이 오래 걸리거나, 틀린 결론을
내리거나, 추리를 포기하는 일이 일어나는 것으로 본다.

그러나 규칙 이론은 내용 효과는 설명하지 못한다. 규칙 이론에 따
르면 추리 문제의 형식이 같으면 조건 명제의 내용과 무관하게 같은
결론을 산출해야 한다. 그런데 사람들은 조건 명제의 내용에 따라 부
정 논법 추리를 하는 정도가 다르다.

요약하면 규칙 이론은 이론이 간결하고 다양한 연역 추리에 적용
될 수 있는 범용 이론이라는 점이 매력적이지만 내용 효과를 설명하
는 데 미흡하기 때문에 사람들이 어떻게 조건 추리를 하는지를 설명
하는 데에는 충분하지 않다고 평가할 수 있다.

(2) 심성모형 이론

규칙 이론에 대항하는 이론이 심성모형 이론이다. 심성모형 이론
에서는 전제에 언급된 대상들 간의 관계를 표상하는 심성모형에서 결
론을 생성한다고 제안한다(Johnson-Laird, 1983). 대상들을 심성모형
에 표상할 때에는 그 문제와 관련된다고 생각하는 대상과 속성만 표
상한다. 예를 들어, '철수가 영호보다 크고, 영호는 규종이보다 크다'

는 전제를 주고, 누가 가장 큰지 판단하게 할 경우 철수, 영호, 규종이의 키 순서를 판단하는 데 관련된다고 생각되는 정보만 심성모형에 표상한다.

심성모형 이론에서는 연역 추리 과정을 세 단계로 상정한다. 첫 번째 단계는 전제 이해 단계로, 전제를 이해한 바를 토대로 1차 심성모형(혹은 1차 모형, initial mental model)을 형성한다. 1차 모형의 중요한 특징은 작업기억의 부담을 줄이기 위해 가장 관련이 있다고 생각하는 사례나 속성만 표상한다는 점이다. 두 번째 단계인 결론 생성 단계에서는 1차 모형에 근거해서 잠정적인 결론을 내린다. 그런데 1차 모형에는 모든 가능한 경우 중에서 일부만 포함되기 때문에 2단계에서 생성하는 결론은 잘못된 결론일 가능성이 있다. 마지막 단계는 검증 단계인데, 이 단계에서는 잠정적으로 내린 결론에 위배되는 예가 있는지 조사해서 최종 결론을 내린다. 잠정적인 결론에 위배되는 사례가 없으면 그 결론은 타당하지만, 잠정적인 결론에는 위배되지만 전제들은 모두 충족시키는 사례가 있게 되면 새 결론을 내려야 한다. 그러나 시간이 충분하지 않거나 반증의 중요성을 모르는 경우에는 검증 단계를 생략하고 2단계에서 내린 잠정적인 결론을 타당한 결론으로 받아들이는 성급한 추리를 할 수 있다.

1차 모형을 이용해서 철수 문제를 설명해 보자. "철수는 과제가 있으면 도서관에 가."라는 첫 번째 문장을 들으면 '과제가 있고 철수가 도서관에 있는' 사례는 1차 모형에 쉽게 표상하지만, 이 문장이 참인 나머지 두 사례, 즉 '과제가 없는데 도서관에 있는' 사례나 '과제가 없고 도서관에 없는' 사례는 1차 모형에 잘 표상하지 않는다. 왜냐하면 일상 대화에서 우리가 조건문을 사용할 경우에는 전건과 후건이 다 긍정인 사례가 관심사인 경우가 대부분이기 때문이다.

이어서 "그런데 철수는 과제가 있어."나 "철수는 도서관에 있어." 라는 두 번째 문장을 들으면 첫 번째 문장에서 형성한 1차 모형에 '과제가 있고 도서관에 있는' 사례가 들어 있으니까 이를 토대로 "철수는 도서관에 있네." 또는 "철수는 과제가 있네."라는 결론을 내린다.

이제 1차 모형에 없는 내용인 "그런데 철수는 과제가 없어."나 "그런데 철수는 도서관에 없어."가 전제 2로 주어지면 어떤 결론을 생성할까? 두 가지 방법으로 나누어 생각해 볼 수 있다. 첫 번째 방법은 1차 모형만으로 결론을 내리는 방법이다. "철수는 과제가 있으면 도서관에 가."라는 첫 번째 문장에서 만든 1차 모형에는 '과제가 있고 도서관에 있는' 사례만 들어 있게 된다. 이 경우 "철수는 과제가 없어." 나 "철수는 도서관에 없어."라는 말을 들으면 1차 모형에 '과제가 없는' 사례나 '도서관에 없는' 사례가 없으니까 단순하게 "철수가 어디에 있는지 알 수 없어." 또는 "과제가 있는지 알 수 없어."라는 결론을 내릴 수 있다. 두 번째 가능한 방법은 1차 모형이 모든 경우를 포함하지 않을 수도 있다는 것을 알거나 결론이 맞는지 확인해 볼 필요가 있다고 생각하는 경우다. 이때는 "철수는 과제가 있으면 도서관에 가."라는 첫 번째 문장이 참인 다른 사례가 있는지 꼼꼼하게 따져 볼 수 있는데, '과제가 없는데 도서관에 있는' 사례와 '과제가 없고 도서관에 없는' 사례가 이에 해당되어 "철수가 어디에 있는지 알 수 없어." 또는

"과제가 없어."라는 타당한 결론을 내릴 수 있다.

 "철수는 과제가 있으면 도서관에 가."라는 첫 번째 문장을 등가로 이해하는 경우에는 '과제가 있고, 도서관에 있는' 사례와 '과제가 없고 도서관에 없는' 사례가 1차 모형에 있을 것으로 예상할 수 있다(일상생활에서 조건 서술문을 사용할 때 등가인 경우가 많다는 것을 상기해 보자). 그럴 경우 네 가지 문제 모두에 답이 있다는 결론을 내리게 된다.

 심성모형 이론은 기존의 현상들을 잘 설명한다. 전건 부정 오류와 후건 긍정 오류는 조건 명제를 등가로 해석한 1차 모형으로 설명할 수 있다. 또 사람들이 부정 논법 추리를 잘하지 못하는 것은 일반적으로 1차 모형에 후건 부정 사례는 잘 표상되지 않으므로 부정 논법 추리를 하려면 모형을 새로 형성해야 하기 때문이라고 설명한다. 마지막으로 내용 효과는 전제의 내용에 따라 1차 표상이 형성되는 것으로 설명하고 있다. 즉, 조건 명제의 내용에 따라 1차 모형에 어떤 사례가 포함되는지가 다르기 때문에 내용 효과가 나타나게 된다고 설명한다.

 조건 명제의 내용에 따라 1차 모형에 어떤 사례가 포함되는지가 다를 수 있다고 제안하는 심성모형 이론은 관점 효과(perspective effect)도 잘 설명한다. 관점 효과란 같은 조건 명제라도 누구의 관점을 취하느냐에 따라 선택 과제에서 고르는 카드가 달라지는 현상을 가리킨다. 맹키텔로우와 오버(Manktelow & Over, 1991)는 영국 참가자들에게 어머니가 아이에게 "방 정리를 하면 오락을 하게 해 준다."라고 약속했다고 말해 주었다. 그리고 규칙이 지켜지는지 알아보려면 '정리했음' '정리하지 않았음' '오락했음' '오락하지 않았음'이라는 네 장의 카

드 중 어느 카드를 뒤집어 보아야 하는지 답하게 하였다. 이 실험의
백미는 참가자들에게 특정 관점을 취하게 한 부분이다. 한 조건의 참
가자들에게는 어머니 입장에서 선택하게 하였고, 다른 조건의 참가자
들에게는 아이 입장에서 선택하게 하였다. 어머니 입장에 배정된 참
가자들은 '정리하지 않았음'과 '오락했음'을 선택했고, 아이 입장에 배
정된 참가자들은 '정리했음'과 '오락하지 않았음'을 선택했다. 이 결과
는 자기에게 쓸모가 있는 방식으로 조건 명제를 이해했다는 것, 즉 관
점에 따라 다른 1차 모형이 만들어질 수 있다는 것을 보여 준다.

지금까지 규칙 이론과 심성모형 이론에 대해 살펴보았다. 이론이 간
단하다는 점에서는 규칙 이론이 매력적이지만, 조건 추리에서의 전반
적인 수행은 심성모형 이론이 더 잘 설명하는 것으로 드러났다. 이것
은 사람들이 추리하는 방식은 논리학이 제안하는 방식, 즉 전제에 포
함된 내용과 상관없이 전제들이 어떤 논리 연결사와 어떻게 조합되는
지를 고려하는 방식은 아닌 것 같다는 것을 시사한다. 이 결과는 사람
들이 추리하는 방식은 전제의 내용을 보고 가장 관련성이 높다고 생각
되는 사례들로 구성되는 심성모형을 토대로 결론을 생성하거나 결론
이 타당한지 판단하는 것일 가능성이 높다는 것을 보여 준다.

(3) 추리 도식 이론

조건 추리에서 사람들이 보이는 주요 현상들을 다 설명하지는 못
하지만, 선택 과제에서 나타나는 내용 효과를 설명하는 이론으로 추
리 도식 이론이 있다(Cheng & Holyoak, 1985). 앞에 서술한 우표 문제

외에도 여러 조건 추리 문제에서 사람들은 후건 부정에 해당하는 카드를 선택하였다. "맥주를 마시려면 18세가 넘어야 한다."는 음주 연령 문제, "금액이 30달러를 넘으면 지배인의 승인을 받아야 한다."는 Sears 백화점 문제 등에서 전건 긍정 카드와 후건 부정 카드를 선택하였다. 그래서 조건 명제가 어떤 내용일 때 내용 효과가 얻어지는지를 밝혀내려는 연구들이 수행되었고 여러 주장이 제기되었다(Evans et al., 1993).

가장 널리 알려진 이론이 쳉과 홀리오크(Cheng & Holyoak, 1985)가 제안한 실용 추리 도식(pragmatic reasoning schema) 이론이다. 도식이란 특정 개념과 관련된 지식들의 꾸러미를 가리킨다. 예를 들어, '집'이라는 개념은 우리가 자주 사용하는 개념이어서 '사람이 사는 건물' '벽과 지붕이 있다' '방, 부엌, 욕실 등이 있다'와 같은 내용들이 하나의 꾸러미처럼 조직화되어 있다. 도식은 개념뿐만 아니라 행동에도 적용될 수 있다. 우리가 어떤 행동을 반복적으로 하게 되면 행동 도식이 만들어질 수 있다. 쳉과 홀리오크는 추리를 할 때 특정한 내용의 규칙일 경우에만 적용되는 추리 도식이 있다고 제안하면서 이를 실용 추리 도식이라 불렀다. 예를 들어, 공연을 보려면 입장권을 사야 하는 것처럼 일상생활에서는 어떤 행동을 하려면 전제 조건을 충족시켜야 하는 일들이 많이 일어나므로 그런 경우에 적용되는 실용 추리 도식이 있을 수 있는데, 이들은 이 추리 도식을 허용 도식(permission schema)이라 불렀다.

도식의 중요한 특징 중의 하나는 도식이 활성화되면 그 도식에 조직화되어 있는 내용들도 같이 활성화된다는 점이다. 예를 들어, "어제 친구네 집에 갔어."라는 말을 들으면 '방, 부엌, 욕실 등이 있겠네.'라고 생각한다. 추리 도식도 마찬가지다. 어떤 상황을 접했는데, 그 상황이 어떤 행동을 하려면 전제 조건을 충족시켜야 하는 상황이라고 인식되면 허용 도식이 활성화되고, 허용 도식에 정해진 바를 토대로 행동하고 추리한다고 본다. 쳉과 홀리오크는 허용 도식에 다음과 같은 네 가지 규칙을 상정하였다.

> 허용 규칙 1: 어떤 행동을 하려면 전제 조건은 반드시 충족되어야 한다.
> 허용 규칙 2: 어떤 행동을 하지 않을 경우에는 전제 조건은 충족될 필요가 없다.
> 허용 규칙 3: 전제 조건이 충족되면 행동을 할 수 있다.
> 허용 규칙 4: 전제 조건이 충족되지 않았으면 행동을 하면 안 된다.

이제 우표 규칙이 지켜지는지를 알아보아야 하는 선택 과제 상황에 대해 생각해 보자. 선택 과제는 흔히 하는 과제가 아니라서 선택 과제 도식이 있을 리가 없다. 그런데 우표 규칙은 '뒷면을 봉하려면 우표를 더 붙여야 한다'는 허용 도식에 해당하는 규칙이다. 따라서 우표 규칙은 허용 도식을 활성화하고, 그것은 다시 네 가지 허용 규칙을 활성화한다. 그런데 선택 과제에서는 우표 규칙이 지켜지는지 알아보려면 반드시 확인해야 하는 사례를 찾으라고 하니 허용 도식에 있

는 네 개의 규칙 중에 반드시 지켜져야 하는 규칙이 지켜지는지 알아
내면 된다. 허용 규칙에서 허용 규칙 1과 4가 그에 해당한다. 즉, 허용
도식에 따르면 행동을 하려는 경우와 전제 조건을 충족하지 않은 경
우를 확인해야 하므로, 뒷면을 봉한 봉투와 우표를 적게 붙인 봉투를
뒤집어 보아야 한다. 결과적으로 허용 도식에 따라 행동했는데 반증
논리를 아는 사람처럼 선택을 하였다.

  허용 도식이 활성화되면 선택 과제에서의 수행이 달라진다는 것을
보여 주기 위해 쳉과 홀리오크는 미국 대학생들과 홍콩 대학생들에
게 우표 문제를 주고 선택 과제를 실시했다. 홍콩은 영국 식민지였기
때문에 홍콩 대학생들은 우표 규칙을 알지만, 미국 대학생들은 이 규
칙을 몰랐다. 예상한 대로 홍콩 대학생들은 뒷면을 봉한 봉투와 4펜
스 우표를 붙인 봉투를 골랐는 데 반해, 미국 대학생들은 뒷면을 봉한
봉투와 5펜스 우표를 붙인 봉투를 골랐다. 이 결과는 사람들의 흥미
를 끌 수는 있어도 허용 도식이 작동한 것이라는 증거가 되기에는 미
흡하다. 왜냐하면 홍콩 대학생들은 우표 규칙을 지키지 않는 사람을
보았을 수 있기 때문에 위반 사례를 기억해서 후건 부정 봉투를 골랐
을 수도 있기 때문이다. 이 문제를 해결하기 위해 쳉과 홀리오크는 뒷
면을 봉하면 우표를 더 붙여야 하는 이유를 설명한 글을 먼저 읽게 한
다음에 미국 대학생들과 홍콩 대학생들에게 우표 문제를 주고 선택
과제를 실시했다. 우표를 더 붙여야 하는 이유를 설명한 글을 읽으면
허용 도식이 활성화될 것이므로 미국 대학생들도 홍콩 대학생들처럼
뒷면을 봉한 봉투와 4펜스 우표를 붙인 봉투를 고를 것으로 예상했는

데, 실험 결과도 그렇게 나왔다. 이 결과는 조건 명제의 내용이 친숙하지 않아도 허용 도식이 활성화되면 선택 과제에서의 수행이 달라진다는 것을 보여 준다.

추리 도식으로 허용 도식만 제안된 것은 아니다. 쳉과 홀리오크는 허용 도식 외에 의무 도식, 인과 도식 등이 가능할 수 있다고 제안하였고, 코스미즈(Cosmides, 1989)는 조건 명제가 사회 교환적인 관계를 다루는 경우에 내용 효과가 얻어질 수 있다고 제안하였다. 즉, 공동체가 유지되려면 의무를 이행하고 혜택을 보아야 하는데, 의무는 이행하지 않고 혜택만 보려는 얌체들이 있어서 이들을 찾아내는 문제라고 해석되면 그 사례들을 선택한다고 제안하였다.

추리 도식에 의해 조건 추리를 행한다는 설명은 내용 효과를 잘 설명할 수 있다. 그러나 조건 명제가 특정 도식을 활성화하지 못하는 경우에는 사람들이 어떻게 추리하는지, 그리고 왜 전건 부정 오류와 후건 긍정 오류를 범하는지, 왜 부정 논법이 어려운지를 설명하기 어렵다는 한계를 갖는다. 다음 절에서는 연역 추리 연구에서 전통적으로 많이 다루어진 범주 삼단 추리에 대해 알아본다.

5. 범주 삼단 추리

연역 추리 연구에서 전통적으로 가장 많이 다루어진 추리는 범주 삼단 추리다. 범주 삼단 추리에서 전제와 결론은 '어떤 A는 B이다' '모

든 B는 C이다'처럼 주어와 술어로 구성되며, 주어의 앞에 '모든(all)'
'어떤(some)' '어떤 …는 아니다(some not)' '어느 …도 아니다(no)'의
네 가지 양화사(quantifier) 중 하나를 붙여서 주어와 술어의 포함관계
에 대해 서술한다. 이런 명제를 논리학에서는 정언 명제(categorical
proposition)라고 부른다.

그런데 양화사의 종류에 따라 정언 명제가 참인 경우가 다르다.
〈표 2-7〉을 보면 정언 명제 '모든 p는 q이다'에서는 p가 참이면 q는
반드시 참이어야 한다. 그러나 '어떤 p는 q이다'에서는 p가 참일 때
q는 참일 수도 있고 거짓일 수도 있다.

〈표 2-7〉 정언 명제별 가능성

p	q	모든 (all p are q)	어떤 (some p are q)	어떤 …는 아니다 (some p are not q)	어느 …도 아니다 (no p are q)
T	T	T	T	poss	F
T	F	F	poss	T	T
F	T	poss	poss	poss	T
F	F	poss	poss	poss	poss

* T는 참, F는 거짓, poss는 가능함을 뜻한다.

앞에서 예로 들었던 "모든 백조는 희다. 연못에 있는 새는 백조다.
따라서 연못에 있는 새는 희다."는 범주 삼단 추리 문제다. 이 예에서
두 번째 전제와 결론의 주어 앞에 양화사가 없는데, 여기에선 '모든'
이라는 양화사가 생략된 것으로 간주한다. 그리고 두 개의 전제를 구
성하는 '백조' '희다' '연못에 있는 새'를 논항이라 부르는데, '백조'처
럼 두 개의 전제에서 모두 언급된 논항을 중간항(middle term)이라 하

고, '희다'와 '연못에 있는 새'처럼 한 번만 언급된 논항을 말단항(end term)이라 한다. 결론인 "따라서 연못에 있는 새는 희다."를 보면 두 개의 전제에서 한 번씩만 언급된 두 말단항 간의 포함관계를 서술한 것임을 알 수 있다. 그러니까 범주 삼단 추리에서는 두 말단항 간의 포함관계에 대한 결론을 생성하거나 판단한다.

앞에서 서술했듯이 범주 삼단 추리에서는 '모든 p는 q이다'처럼 주어의 앞에 양화사를 붙여서 주어와 술어의 포함관계에 대해 서술한 두 개의 전제에서 두 말단항의 포함관계에 관한 결론을 생성하거나 판단한다. 그런데 전제로 제공되는 명제별로 네 개의 정언 명제가 가능하므로 전제가 두 개인 경우 16가지의 양화사 조합이 가능하다. 게다가 각 조합별로 두 전제에서 중간항이 주어일 수도 있고 술어일 수도 있다. 그러니까 첫 번째 전제의 논항을 A, B라 하고, 두 번째 전제의 논항을 B, C라 하면 첫 번째 전제에서 중간항 B는 '모든 A는 B이다'처럼 술어일 수도 있고, '모든 B는 A이다'처럼 주어일 수도 있다. 마찬가지로 두 번째 전제에서 중간항 B는 '모든 B는 C이다'처럼 주어일 수도 있고 '모든 C는 B이다'처럼 술어일 수도 있다. 그래서 두 개의 전제가 있는 범주 삼단 추리에는 64가지 유형의 문제가 있게 된다.

조건 추리에서 문제 유형과 조건 명제의 내용에 따라 사람들이 추리하는 양상이 달랐는데, 범주 삼단 추리에서는 어떨까?

1) 문제 유형별 수행 특징

범주 삼단 추리에는 64가지 유형의 문제가 있는데, 전통적인 논리학에서는 24개 문제가 타당한 결론이 있다고 본다[참고로 존슨레어드(1983)는 생성 과제일 경우 64개 문제 중에서 27개 문제가 타당한 결론이 있다고 주장한다]. 딕스타인(Dickstein, 1978)은 64개 문제별로 네 개 양화사 중 하나가 주어에 붙는 네 개의 답지와 '타당한 결론이 없다'는 답지 이렇게 다섯 개의 답지를 주고 그중에서 타당한 결론을 고르게 하였다. 전체 문제에서 정확하게 결론을 고른 비율의 평균은 52%였는데(답지가 5개니까 우연으로 답을 맞힐 확률은 20%다), 그 비율은 문제별로 많이 달랐다. 전반적으로 보면 타당한 결론이 있는 문제에서는 타당한 결론을 고르는 비율이 높았고, 타당한 결론이 없는 문제에서는 '타당한 결론이 없다'는 답지를 고른 비율이 높았다. 그러나 어떤 유형의 문제는 타당한 추리인데 틀린 결론을 타당한 결론으로 골랐고, 또 다른 유형의 문제는 타당하지 않은 추리인데 네 개 양화사 중 하나가 주어에 붙는 네 개의 답지 중 하나를 타당한 결론이라고 판단하였다. 그럼 사람들은 어떤 정보를 사용해서 범주 삼단 추리를 했을까?

(1) 양화사의 조합

두 전제에 양화사가 어떤 순서로 사용되었느냐에 따라 결론이 달라진다. 사람들은 이것을 구분할까? 다음에 나오는 문제 1과 2는 타당한 문제고, 거의 대부분의 사람이 타당한 문제라고 판단한다.

문제 1
모든 A는 B이다.
모든 B는 C이다.
따라서 모든 A는 C이다.

문제 2
어떤 A는 B이다.
모든 B는 C이다.
따라서 어떤 A는 C이다.

이제 문제 3을 보자.

문제 3
모든 A는 B이다.
어떤 B는 C이다.
따라서 어떤 A는 C이다.

문제 3은 타당하지 않은 문제다. 그러나 상당수의 사람은 이 문제를 타당한 문제라고 판단한다. 이 문제가 타당하지 않은 문제라는 것은 A, B, C에 구체적인 내용을 넣어 보면 금방 알 수 있다.

문제 3′
모든 프랑스 사람들은 포도주를 마신다.
포도주를 마시는 사람 중의 어떤 사람들은 이태리 사람이다.
따라서 프랑스 사람 중의 어떤 사람들은 이태리 사람이다.

　문제 2와 문제 3은 양화사 '어떤'과 '모든'이 어느 전제에 붙었는지가 다른데, 문제 2는 타당한 추리고, 문제 3은 타당한 추리가 아니다. 이는 범주 삼단 추리에서는 양화사가 어떤 순서로 사용되었느냐에 따라 결론이 달라진다는 것을 보여 준다. 그런데 상당수의 사람이 문제 3에서도 '어떤 A는 C이다'라는 타당하지 않은 결론을 타당하다고 판단한다. 이는 사람들이 어떤 전제에 어떤 양화사가 사용되었느냐를 보지 않고 두 전제에 어떤 양화사가 사용되었느냐만을 보고 결론을 내리거나 판단하는 경향이 있을지도 모른다는 것을 시사한다. 자세한 것은 삼단 추리 이론 부분에서 살펴보도록 하자.

(2) 형상 효과: 중간항의 위치

　두 전제에서 중간항과 말단항의 배열 순서도 수행에 영향을 미친다. 문제 4와 문제 5를 보자.

문제 4
모든 A는 B이다.
어느 B도 C가 아니다.
따라서 어느 A도 C가 아니다.

문제 5
어느 A도 B가 아니다.
모든 B는 C이다.
따라서 어떤 C는 A가 아니다.

문제 4와 문제 5는 양화사 '모든'과 '어느 …도 아니다'가 어느 전제에 붙었는지가 다르고 결론도 다르지만 둘 다 타당한 문제다. 그런데 사람들은 문제 4는 타당한 추리라고 정확하게 판단하지만, 문제 5에 대해서는 '어떤 A는 C가 아니다'를 결론이라고 생각하거나 '타당한 결론이 없다'라고 생각하는 것 같다.

앞에서 문제 2와 문제 3에서의 수행 결과는 사람들이 두 전제에 어떤 양화사가 사용되었느냐 만을 보고 결론을 내리거나 판단하는 경향이 있을지도 모른다는 것을 시사한다고 했는데, 그럴 경우 문제 5의 결론으로 '따라서 어느 A도 C가 아니다'를 내려야 한다. 그런데 그런 결론을 답한 사람은 거의 없다. 문제 4와 문제 5의 수행의 차이는 두 전제에 어떤 양화사가 사용되었느냐는 요인 외의 다른 요인도 사람들이 추리하는 데 영향을 미친다는 것을 시사한다.

어떤 요인이 있을까? 다시 문제 5를 보자. 문제 5는 '어떤 C는 A가 아니다'라는 타당한 결론이 있는 문제인데, 상당수의 사람은 '어떤 A는 C가 아니다'를 결론이라고 생각한다. 왜 이들은 '어떤 A는 C가 아니다'를 결론이라고 생각할까? A-C의 순으로 결론을 내리는 경향이 있기 때문일까?

문제 5의 두 전제에서 A와 B, 그리고 B와 C의 위치를 바꾼 문제 6을 보자.

이 문제를 주면 대부분의 사람이 타당한 문제라고 판단한다. 두 개
의 전제만 주고 결론을 내리라고 해도 상당수의 사람이 '어느 C도 A가
아니다'라는 타당한 결론을 생성한다. 이것은 사람들이 A-C의 순으
로 결론을 내리는 것이 익숙하기 때문에 문제 5에서 어려움을 느끼는
것은 아니라는 것을 시사한다.

그럼 무엇 때문일까? 문제 5와 문제 6을 비교해 보면 첫 번째 전제
와 두 번째 전제의 양화사는 같지만 각 전제에서 두 논항 A와 B, 그리
고 B와 C의 위치가 다르다. 존슨레어드와 바라(Johnson-Laird & Bara,
1984)는 각 전제에서 중간항이 놓인 위치가 추리에 큰 영향을 미친다
는 것을 형상 효과를 이용해서 증명하였다.

두 개의 전제에서 공통적으로 사용되는 중간항을 B라 하고, 첫 번
째 전제의 나머지 항을 A, 두 번째 전제의 나머지 항을 C라 하면, 첫
번째 전제에 A-B, B-A의 두 가지 경우가 있고, 두 번째 전제에 B-C,
C-B의 두 가지 경우가 있어, 이를 조합하면 (A-B, B-C), (B-A, C-
B), (A-B, C-B), (B-A, B-C)의 네 가지가 가능하다. 존슨레어드와
바라(1984)는 이것을 형상(figure)이라 하였는데, 형상에 따라 타당한
결론을 내리는 정도와 사람들이 내리는 결론의 형태가 다르다(참고로
논리학에서는 형상을 격이라는 용어로 서술하는데, 논리학에서의 격의 순서

와 존슨레어드와 바라의 형상의 순서가 달라 여기서는 형상이라는 용어를
사용한다).

〈표 2-8〉 형상 효과

	형상 1	형상 2	형상 3	형상 4
전제	모든 A는 B이다. 모든 B는 C이다.	모든 B는 A이다. 모든 C는 B이다.	모든 A는 B이다. 어느 C도 B가 아니다.	어떤 B는 A이다. 모든 B는 C이다.
결론	모든 A는 C이다.	모든 C는 A이다.	어느 A도 C가 아니다. 어느 C도 A가 아니다.	어떤 A는 C이다. 어떤 C는 A이다.

　사람들이 타당한 결론을 내리는 비율은 형상 1에서 가장 높고, 형
상 2에서 그다음으로 높다. 형상 3과 4는 비슷한 수준의 수행을 보
인다. 더 재미있는 것은 형상에 따라 사람들이 내리는 결론에서 A와
C의 순서에 패턴이 있다는 점이다. 사람들은 (A-B, B-C)인 형상
1에서는 '어떤 A는 C이다'와 같이 A-C의 순으로 결론을 내리는 경
향이 있고, (B-A, C-B)인 형상 2에서는 '어떤 C는 A이다'와 같이
C-A의 순으로 결론을 내리는 경향이 있다. 그러나 (A-B, C-B)인
형상 3과 (B-A, B-C)인 형상 4에서는 특별한 경향이 없다. '어떤
A는 C이다'처럼 A를 주어로 하는 결론을 내리기도 하고, '어떤 C는
A이다'처럼 C를 주어로 하는 결론을 내리기도 한다. 문제 5와 문제
6으로 돌아가 보자. 문제 5는 형상 1에 속하기 때문에 사람들은 타당
하지는 않지만 '어떤 A는 C가 아니다'를 결론이라고 생각했고, 문제
6은 형상 2에 속하기 때문에 사람들은 '어느 C도 A가 아니다'를 결론
이라고 생각했다.

2) 그럴싸함 효과

범주 삼단 추리도 내용의 영향을 받는다. 조건 추리에서는 조건 명제의 전건과 후건의 관계에 따라 부정 논법을 사용하는 정도가 달랐는데, 범주 삼단 추리에서는 결론의 그럴싸함이 영향을 주는지에 대해 많은 연구가 수행되었다.

범주 삼단 추리에서 사람들은 타당한 추리인지 판단할 때 주어진 결론이 그럴싸하게 보이면 타당하지 않은 추리도 타당한 추리로 받아들이는 경향이 있는데, 이를 그럴싸함 효과(believability effect, belief bias)라 한다(Oakhill, Johnson-Laird, & Garnham, 1989). 다음 예를 보자 (Evans, Barston, & Pollard, 1983).

문제 7
모든 프랑스 사람은 포도주를 마신다.
포도주를 마시는 사람 중의 어떤 사람들은 미식가다.

따라서 어떤 프랑스 사람들은 미식가다.

문제 8
모든 프랑스 사람은 포도주를 마신다.
포도주를 마시는 사람 중의 어떤 사람들은 이태리 사람이다.

따라서 어떤 프랑스 사람들은 이태리 사람이다.

문제 7을 주고 사람들에게 추리가 타당한지 판단하게 하면 무려 71%가 타당하다고 판단했다. 그러나 문제 8을 주고 추리가 타당한지 판단하게 하면 단지 10%만 타당하다고 판단했다.

문제 7과 8은 형식이 같다. 두 문제 모두 '모든 A는 B이다. 어떤 B는 C이다'라는 전제에 대해 '어떤 A는 C이다'라는 결론을 내렸다. 미리 말해 두지만, 이 추리는 타당하지 않은 추리다. 그런데 문제 8처럼 결론이 터무니없는 내용일 때에는 대부분의 사람이 타당하지 않다고 판단했지만, 문제 7처럼 결론이 그럴싸한 경우에는 무려 71%에 달하는 사람이 타당하다고 판단했다.

그럼 타당한 추리에서는 어떨까? 첫 번째 전제 '모든'과 두 번째 전제 '어떤'의 위치를 바꾸면 타당한 추리가 되니 한번 해 보자.

문제 9
어떤 프랑스 사람들은 포도주를 마신다.
포도주를 마시는 모든 사람은 미식가다.

따라서 어떤 프랑스 사람들은 미식가다.

문제 10
어떤 프랑스 사람들은 포도주를 마신다.
포도주를 마시는 모든 사람은 이태리 사람이다.

따라서 어떤 프랑스 사람들은 이태리 사람이다.

문제 9에 대해 추리가 타당한지 판단하게 하면 89%가 타당하다고 판단했지만, 문제 10에 대해서는 단지 56%만 타당하다고 판단했다. 이 추리는 타당한 추리인데도 문제 10처럼 결론이 터무니없는 내용일 때에는 타당한 추리에 대해 40% 이상의 사람들이 타당하지 않다고 판단했다.

그럴싸함 효과는 사람들의 범주 삼단 추리가 내용의 영향을 받는다는 것을 보여 주는데, 이를 설명하기 위해 여러 가지 설명이 제안되었다. 여기서는 에반스 등(Evans et al., 1983)이 제안한 선별 추리 모형(selective scrutiny model)만 간략하게 언급하기로 한다. 선별 추리 모형에서는 어림법적 처리와 분석적 처리라는 질적으로 다른 두 단계 처리를 상정한다. 어림법적 추리에서는 결론이 그럴싸한지를 판단하는데, 결론이 그럴싸한 경우에는 타당한 추리라고 답하지만, 결론이 그럴싸하지 않은 경우에는 꼼꼼하게 분석적 처리를 해서 타당한 추리인지 판단한다는 것이다. 그러니까 사람들이 항상 논리적으로 추리하는 것이 아니라 결론이 그럴싸하지 않은 경우에만 분석적인 추리를 한다고 제안하였다.

3) 삼단 추리 이론: 사람들은 어떻게 추리하나?

지금까지 전제에 사용된 양화사, 두 전제에서 중간항의 위치, 그리고 결론의 그럴싸함이라는 요인들이 범주 삼단 추리를 할 때 영향을 미친다는 것을 살펴보았다. 그런데 앞에서 우리는 결론의 그럴싸함이라는 요인은 언제 사람들이 분석적인 추리를 하는지에 대해서 알려 준다는 것을 보았다. 지금부터는 전제에 사용된 양화사와 두 전제에서 중간항의 위치라는 두 요인이 추리에 미치는 효과에 초점을 맞춰 사람들이 범주 삼단 추리를 하는 방식인 분위기 가설, 그림을 그려 보는 방법, 언어 규칙을 이용하는 방법, 그리고 심성모형 이론의 네 가지 이론에 대해 알아본다.

(1) 분위기 가설

사람들이 범주 삼단 추리를 하는 방식에 대해 가장 널리 알려진 설명 중의 하나가 분위기 가설(atmosphere hypothesis)이다. 미리 말하지만 분위기 가설은 전제에 사용된 양화사가 미치는 영향에 초점이 맞추어진 설명으로, 두 전제에서 중간항의 위치가 미치는 형상 효과에 대해서는 전혀 설명하지 못한다.

분위기 가설에서는 전제에 포함된 양화사가 그 양화사가 포함되는 결론을 만들도록 분위기를 형성한다고 가정한다(Woodworth & Sells, 1935). 범주 삼단 추리에 사용되는 네 개의 양화사는 두 논항의 포함관계가 모든 사례에 해당하는지 그중 일부에 해당하는지를 한정하는 전칭(모든, 어느 …도 아니다)-특칭(어떤, 어떤 …는 아니다) 차원과 두 논항의 포함관계가 긍정 관계인지 부정 관계인지를 한정하는 긍정(모든, 어떤)-부정(어떤 …는 아니다, 어느 …도 아니다)의 두 차원의 조합이 된다. 즉, '모든'은 전칭 긍정, '어떤'은 특칭 긍정, '어떤 …는 아니다'는 특칭 부정, 그리고 '어느 …도 아니다'는 전칭 부정이 된다.

분위기 가설에서는 전칭-특칭 차원과 긍정-부정 차원별로 분위기가 만들어지는 것으로 가정한다. 즉, 전제에 전칭 양화사가 사용되면 결론은 전칭 양화사로, 전제에 특칭 양화사가 사용되면 결론은 특칭 양화사로 내리는 분위기가 만들어지는데, 두 전제 중 하나라도 특칭 양화사가 사용되면 결론은 특칭 양화사로 내리는 분위기가 형성된다고 제안한다. 긍정-부정 차원에서도 전제에서 사용한 양화사를 결론에서 사용하는 분위기가 형성되는데, 두 전제 중 하나라도 전제에 부정 양화사가 사용되면 결론은 부정 양화사로 내리는 분위기가 형성된다고 제안한다.

분위기 가설은 간단하다는 게 아주 큰 장점이다. 그러나 분위기 가설에 따르면 어떤 문제건 결론이 생성된다. 따라서 문제 유형에 따라 정확하게 추리하는 정도가 다른 것은 설명할 수 없다. 그뿐만 아니라 사람들은 타당한 결론이 있는 문제와 타당한 결론이 없는 문제를 비교적 잘 구분해 내는데, 분위기 가설로는 '타당한 결론이 없다'라는 결론을 내리는 현상을 도저히 설명할 수 없다. 분위기 가설로는 형상 효과도 설명하기 어렵다. 이런 점에서 보면 분위기 가설은 추리 과정에 대한 가설이라고 보기는 어렵고, 사람들이 결론을 생성하거나 주어진 결론을 판단할 때 사용하는 어림법이라고 볼 수 있다.

(2) 그림을 이용하는 방법

범주 삼단 추리 과정에 대해 널리 알려진 또 다른 설명은 벤 다이어그램(Venn diagram)이나 오일러 서클(Euler circle)과 같은 그림을 이용해서 전제에 서술된 논항 간의 관계를 표상한 다음 이들을 조합해서 결론을 내린다는 것이다. 오일러 서클을 이용해서 설명해 보자(오일러 서클은 철학자 라이프니츠가 고안했으나, 지금은 스위스 수학자 오일러의 이름을 딴 오일러 서클로 알려져 있다).

오일러 서클을 이용한 추리 이론에서는 전제에서 언급된 논항들을 표상하는 원들의 포함관계를 그려서 결론을 생성하거나 판단한다고 상정한다. 일단 하나의 전제에 대해 생각해 보자. 전제에 A, B 두 개의 논항이 들어가는 경우 A를 표상하는 원과 B를 표상하는 원이 있게 되는데, 이 두 원의 포함관계로는 완전하게 겹치는 경우, B가 A를 둘러싸는 경우, A가 B를 둘러싸는 경우, A와 B가 부분적으로 겹치는 경우, 그리고 A와 B가 하나도 겹치지 않는 경우, 이렇게 다섯 가지 경우가 가능하다([그림 2-3] 참조).

	AB	(A)B	(B)A	A∩B	A B
모든 A는 B이다	O	O			
어떤 A는 B이다	O	O	O	O	
어느 A도 B가 아니다					O
어떤 A는 B가 아니다			O	O	O

[그림 2-3] 양화사별 가능한 포함관계를 보여 주는 오일러 서클들

이제 전제에 사용된 양화사에 따라 이 다섯 개의 그림 중에서 해당 전제가 참인 경우를 고른다. 그런데 네 가지 양화사 중 '어느 …도 아니다'만 하나의 그림으로 표현되고, 나머지 세 개의 양화사는 적어도

두 가지 이상의 그림이 가능하다. [그림 2-3]에서 보듯이 '모든'은 두 가지, '어떤'은 네 가지, '어떤 …는 아니다'는 세 가지 그림이 가능하다. 이제 B와 C의 포함관계에 대해 서술한 두 번째 전제의 그림을 같은 절차를 이용해서 선정한다. 마지막으로 전제 1과 전제 2가 모두 참인 경우를 찾아서 결론을 내리면 되는데, 두 개의 전제를 합할 경우 가능한 경우의 수가 기하급수적으로 늘어나는 문제가 생긴다. 두 전제가 '모든'인 경우에는 네 가지 그림이 만들어지지만, 두 전제가 '어떤' 인 경우에는 무려 33개의 그림이 만들어진다.

여기에서 두 가지 문제가 발생할 수 있다. 첫 번째 문제는 모든 경우를 다 그릴 수 있느냐다. 연역 추리에서는 전제들이 모두 참이면 결론은 참이어야 하고, 그러려면 두 전제가 참인 모든 경우를 다 고려해야 한다. 두 전제가 '어떤'인 경우에는 무려 33개의 그림이 만들어지는데 이것이 가능할 수 있겠느냐는 문제가 있다. 모든 가능한 경우 중에서 일부만을 고려해서 결론을 내릴 가능성이 많을 것으로 예상되는데, 이렇게 되면 잘못된 결론을 내릴 수 있다. 따라서 그림을 이용해서 추리하는 방법은 64개 문제별로 정확한 추리를 하는 정도가 다른 것을 어느 정도는 설명할 수 있을 것으로 보인다.

두 번째 문제는 두 전제를 통합한 그림들에서 어떤 결론을 만들어 내느냐의 문제다. 형상 효과를 서술할 때 나왔듯이 형상 1에서는 결론의 주어로 A가 선호되고, 형상 2에서는 결론의 주어로 C가 선호되는데, 그림을 이용해서 범주 삼단 추리를 할 경우 이것을 설명하기 어렵다.

(3) 언어 규칙을 이용하는 방법

사람들이 범주 삼단 추리를 하는 방식에 대한 세 번째 설명은 언어 규칙을 이용하는 방법이다. 범주 삼단 추리에는 다섯 개 공리가 있는데, 주연 개념과 중간항이 큰 역할을 담당한다. 주연(周延, distribution/ distributed)이란 범주 삼단 추리에서 어떤 명제의 주어 또는 술어로 사용되는 개념이 그 개념으로 서술되는 전체 집합에 적용하는 것을 가리키는데, 양화사별로 어떤 논항이 주연 개념인지를 알 수 있다. 전칭 긍정 명제인 '모든 A는 B이다'에서 어떤 사례가 A이면 그 사례는 B일 수밖에 없다. 그래서 A는 주연 개념이다. 그러나 어떤 사례가 B이면 그 사례는 A일 수도 있고, A가 아닐 수도 있기 때문에 B는 주연 개념이 아니다. 전칭 부정 명제인 '어느 A도 B가 아니다'에서는 A이면 B일 수가 없고, B이면 A일 수가 없다. 그래서 A와 B 모두 주연 개념이다. 특칭 긍정 명제인 '어떤 A는 B이다'에는 주연 개념이 없다. 마지막으로 특칭 부정 명제인 '어떤 A는 B가 아니다'에서는 적어도 일부의 A는 B가 될 수가 없어서 B가 주연 개념이다. 간략하게 말하자면 전칭 명제에서는 주어가 주연 개념이고, 부정 명제에서는 술어가 주연 개념이다.

범주 삼단 추리에는 다섯 개 공리가 있는데, 다섯 개의 공리는 양(주연)에 관한 두 개의 공리와 질에 관한 세 개의 공리로 나눌 수 있다.

양에 관한 공리
공리 1: 중간항은 적어도 하나의 전제에서 주연 개념이어야 한다.
공리 2: 어느 전제에서도 주연 개념이 아닌 논항은 결론에서 주연 개념이
　　　　될 수 없다.

질에 관한 공리

공리 3: 두 전제가 다 부정 명제면, 타당한 결론은 없다.

공리 4: 한 전제가 부정 명제면, 결론은 부정 명제여야 한다.

공리 5: 어느 전제도 부정 명제가 아니면, 결론은 긍정 명제여야 한다.

앞에서 보았던 문제 2와 문제 3에 이 공리를 적용해 보자.

문제 2

어떤 A는 B이다.   (주연 개념 없음)

모든 B는 C이다.   (B가 주연 개념임)

따라서 어떤 A는 C이다. (주연 개념 없음)

문제 2를 보면 전제 2에서 중간항이 주연 개념이어서 공리 1을 충족했고, 결론 명제에 주연 개념이 없으므로 공리 2도 위반되지 않았고, 두 전제가 다 긍정 명제이므로 공리 3, 4, 5를 다 충족시킨다. 따라서 문제 2는 타당한 추리다.

이제 문제 3을 보자.

문제 3

모든 A는 B이다.   (A가 주연 개념임)

어떤 B는 C이다.   (주연 개념 없음)

따라서 어떤 A는 C이다. (주연 개념 없음)

문제 3에서는 중간항인 B가 두 개 전제 중 어느 것에서도 주연 개념이 아니어서 공리 1을 충족시키지 못한다. 따라서 문제 3은 타당한 추리가 아니다.

타당한 문제지만 사람들이 어려움을 겪는 문제 5를 보자.

문제 5

어느 A도 B가 아니다.　　　(A와 B가 주연 개념임)

모든 B는 C이다.　　　　　(B가 주연 개념임)

따라서 어떤 C는 A가 아니다.　(A가 주연 개념임)

문제 5에서는 중간항인 B가 두 전제에서 모두 주연 개념이어서 공리 1을 충족시키고, A가 전제 1에서 주연 개념이어서 공리 2도 충족시킨다. 그리고 전제 1과 결론이 부정 명제이므로 공리 3, 4, 5를 충족시킨다. 따라서 문제 5는 타당한 추리다.

몇 개의 예에서 보았듯이 규칙을 이용하는 방법은 '타당한 결론이 있는가?'라는 판단을 할 때에는 유용할 수 있지만, 결론을 생성하는 상황에서는 그리 유용한 방법이 아닐 수 있다. 그뿐만 아니라 문제 5처럼 타당한 문제지만 사람들이 어려움을 겪는 것도 설명하기 어렵다. 언어 규칙을 이용하는 방법은 형상 효과도 설명하기 어렵다.

(4) 심성모형 이론

네 번째 설명은 심성모형 이론이다. 심성모형 이론은 조건 추리에서 설명했던 이론이므로 여기서는 최소한으로 설명하자. 심성모형 이론에서는 사람들은 두 개의 전제에서 구성한 심성모형에서 결론을 생성한다고 본다. 그런데 작업기억 용량이 제한되어 있기 때문에 전제가 참인 모든 경우 중에서 일부만 포함된 1차 모형을 구성한 다음, 1차 모형을 토대로 잠정적인 결론을 내리는 것으로 가정한다. 1차 모형을 토대로 내린 잠정적인 결론은 타당하지 않은 결론일 가능성이 있으므로 심성모형 이론에서는 이를 방지하기 위해 전제들은 충족시키지만 잠정적인 결론에는 위반되는 다른 사례가 있는지 확인하는 확인 단계를 상정한다. 만약 시간이 없거나 결과가 맞는지 여부가 별로 중요하지 않다고 생각하면 확인 단계를 생략하거나 부분적으로 수행할 수 있는데, 이럴 경우 타당한 결론이 없는데 타당한 결론이 있다는 오류를 범하거나 타당한 결론이 있는데 잘못된 결론을 내리는 오류를 범할 수 있다.

심성모형 이론에서는 전제들이 모두 참일 경우를 통합했을 때 가능한 모형의 수와 심성모형을 구성하는 작업의 용이함이 수행에 영향을 미친다고 가정한다. 먼저 전제들이 모두 참일 경우를 통합했을 때 가능한 모형의 수가 많으면 시간이 더 걸리거나 정확한 판단을 하는 비율이 낮아질 것으로 예상한다. 존슨레어드에 따르면 64개의 삼단 논법 문제 중에서 27개의 문제가 타당한 문제인데, 이 27개의 타당한 문제들에서 정확한 판단을 하는 비율은 가능한 모형의 수와 관련이 있었다. 문제 1처럼 하나의 심성모형이 만들어지는 10개 문제에서는 참가자의 76%가 정확한 추리를 했다. 그러나 두 개 이상의 심성모형이 만들어지는 문제에서는 참가자의 25%가 정확한 추리를 했다(Johnson-Laird & Bara, 1984; Johnson-Laird & Byrne, 1991). 문제 5는 세 개의 모형이 만들어지는 문제인데, 20명 중 한 명도 정확한 결론을 생성하지 못했다. 즉, 심성모형 이론에서는 문제별로 가능한 모형의 수의 차이가 문제별로 정확한 추리를 하는 비율이 다르게 나타나게 하는 주된 원인이라고 설명한다.

심성모형 이론에서는 통합모형에서 논항의 순서와 통합모형 구성 작업의 용이함도 수행에 영향을 미친다고 가정하는데, 이 가정을 이용하면 형상 효과를 설명할 수 있다. 심성모형 이론에서는 두 전제에서 언급되는 중간항 B를 이용해서 전제 1의 심성모형과 전제 2의 심성모형을 통합한 통합모형을 구성한다고 상정했는데, 형상에 따라 통합모형에서 두 말단항의 위치가 다르고, 두 전제의 심성모형을 통합하는 작업의 용이한 정도가 다르다고 설명한다.

영어나 한글에서는 왼쪽에서 오른쪽으로 글을 읽고 쓴다. 이 점을 고려하면 심성모형을 구성할 때는 전제에서 주어로 나오는 논항을 왼쪽에 놓는 방식으로 구성하고, 결론을 생성할 때는 두 전제에서 나온 모형들을 통합한 통합모형에서 왼쪽에 있는 논항을 주어로 하는 결론을 생성한다고 가정할 수 있다. 그러니까 '어떤 A는 B이다'에서는 a를 b의 왼쪽에 놓는 모형을 구성하지만, '어떤 B는 A이다'에서는 b를 a의 왼쪽에 놓는 모형을 구성할 것으로 가정할 수 있다. 이런 과정을 거쳐 중간항 B를 이용해서 전제 1의 심성모형과 전제 2의 심성모형을 통합한 통합 심성모형에서 세 개의 논항의 순서는 a, b, c이거나 c, b, a가 된다. 결론을 생성할 때에도 왼쪽에서 오른쪽으로의 처리를 상정하면 통합 심성모형에서 세 논항의 순서가 a, b, c일 때는 '어떤 A는 C이다' 형태의 결론을 생성하고, 세 논항의 순서가 c, b, a일 경우에는 '어떤 C는 A이다' 형태의 결론을 생성할 것으로 예상할 수 있다.

　이 설명을 적용하면 형상에 따라 통합모형에서 세 논항의 순서가 달라지고, 따라서 어떤 말단항이 결론에서 주어로 사용되는지가 다르게 된다. 따라서 범주 삼단 추리에 대해 지금까지 제안된 여러 이론 중에서 심성모형 이론이 가장 설명력이 좋다고 평가할 수 있다.

　논리학에 따르면 연역 추리는 전제들이 참이면 결론은 항상 참인 추리고, 전제와 결론으로 주어지는 내용의 영향을 받지 않는 추리다. 그러나 사람들이 연역 추리를 하는 방식은 논리학에서 규정하는 것과는 다른 양상을 보인다.

　'p거나 q이다'인 이접 추리의 경우, 논리학에서는 두 논항 p와 q가 다 참인 경우에도 이접 명제가 참이라고 규정하지만, 사람들은 많은 경우 두 논항 중 하나만 참인 경우에 이접 명제가 참인 것으로 해석하는 경향을 보여 주었다.

　'p이면 q이다'라는 조건 서술문을 사용하는 조건 추리 연구 결과는 크게 세 가지로 요약할 수 있다. 첫째, 논리학에서 규정하는 함축으로 조건 명제를 이해하면 전건 부정 문제와 후건 긍정 문제는 타당한 결론이 없는 문제인데, 상당수의 사람은 이 두 문제에 타당한 결론이 있다는 오류를 범한다. 사람들이 이런 오류를 범하는 이유는 조건 명제를 함축이 아니라 등가로 이해하기 때문인 것으로 보인다. 둘째, 조건 명제를 함축으로 이해하든 등가로 이해하든 긍정 논법과 부정 논법 문제는 타당한 결론이 있는 문제인데, 사람들은 부정 논법 문제에 대해서는 어려움을 보인다. 셋째, 규범 이론에 따르면 조건 추리를 포함한 연역 추리는 전제나 결론의 내용에 영향을 받지 말아야 하는데, 사람들은 조건 추리를 할 때 내용의 영향을 받는다. 이는 특히 선택 과제에서 잘 드러났다. 조건 추리에서 나타난 사람들의 행동은 심성모형 이론이 가장 잘 설명하는 것으로 보인다.

'모든 p는 q이다'와 같은 진술문을 사용하는 범주 삼단 추리에서는 두 전제 모두에서 언급되는 중간항을 이용하여 두 말단항의 관계에 대해 결론을 생성하는데, 두 전제에 어떤 양화사가 사용되었고, 두 전제에서 중간항이 주어로 나오느냐 술어로 나오느냐에 따라 사람들이 결론을 정확하게 생성하는 정도와 결론에서 어느 말단항이 주어로 사용되는지가 달랐다. 또 범주 삼단 추리에서는 결론이 그럴싸한지에 따라 타당한 추리인지 아닌지를 판단하는 양상이 상당히 달랐다. 삼단 조건 추리에서와 마찬가지로 사람들의 행동은 심성모형 이론이 가장 잘 설명하는 것으로 보인다. 분위기 가설이나 언어 규칙을 이용하는 방식은 추리하는 과정에 대한 설명으로는 미흡하지만 결론을 생성하거나 평가할 때 사용하는 어림법이나 규칙으로는 유용할 수도 있다. 오일러 서클과 같은 그림을 그려 보는 방법은 학교 교육을 받은 사람들이 많이 사용하는 방법으로 생각되는데, 가능한 조합이 많을 경우 모든 가능한 경우를 고려하기가 어렵다는 문제가 있을 수 있고, 형상 효과를 설명하기 어렵다는 한계가 있다.

03_

귀납 추리와 논증

이 장에서는 귀납 추리와 논증에 대해 알아본다. 귀납 추리는 전제들이 참이어도 결론은 참이 아닐 수도 있는 추리인데, 사람들은 논리학이나 통계학 등에서 제안하는 규범적인 방식 대신 여러 가지 어림법을 사용하는 것으로 보인다. 이 장에서는 인과 추리, 속성 추론, 그리고 가설 검증에 대해 간략히 다룬다. 논증은 결론이 참이라는 것을 증명하기 위해 여러 개의 전제와 결론을 제시하는 행위인데, 연역 추리와 귀납 추리를 토대로 결론이 설득력이 있는가를 다룬다. 논증에 대한 심리학 연구에서도 사람들에게 합리적이지 못한 측면들이 있다는 것을 보여 주었다.

1. 인과 추리

어떤 사건의 원인이 무엇인지를 판단하는 인과 추리는 우리 삶에서 아주 중요하다. 화재나 질병과 같은 부정적인 사건이든 시합에서 우승하는 것처럼 긍정적인 사건이든 우리는 왜 그 결과가 일어났는지를 알려고 한다. 그래야 그 사건 전반에 대해 나름대로 이해할 수 있고, 그것을 토대로 누구를 탓하거나 벌을 주어야 할지 누구에게 상을 주거나 고맙다고 해야 할지 마음을 정할 수 있고, 또 앞으로 이와 유사한 상황이 다시 일어났을 때 어떻게 행동해야 할지 결정할 수도 있다.

인과를 추리하려면 결과 사건의 원인 후보들을 선정해야 하고, 그 원인 후보 중에서 어떤 것이 진짜 원인인지 인과 구조를 밝혀내야 하고, 원인이 복합적일 경우 그 인과 구조에 포함된 각각의 인과관계의 강도를 파악해야 한다. 우리가 인과 추리를 하는 방법에 대한 이론으로 공변 이론, 기제 이론, 그리고 인과모형 이론을 들 수 있다.

1) 인과 추리에 사용하는 단서들

많은 경우 우리는 그 과정을 의식하지 못하면서도 원인이 무엇이리라고 짐작한다. 여행을 가서 두 군데 식당에서 식사를 했는데 배탈이 났다면 두 군데 식당 중의 한 곳에서 음식에 문제가 있었을 거라고 생각한다. 이처럼 인과 추리를 하려면 일단 결과 사건과 인과적으로 관련되어 있을 것 같은 원인 후보들을 선정해야 하는데, 원인 후보를 찾을 때 아직도 널리 사용되고 있는 논리는 밀(Mill, 1887)이 제안한 일치법(method of agreement)과 차이법(method of difference) 논리다.

일치법은 결과 사건이 일어난 사례들에 공통적으로 존재하는 조건을 원인 후보로 귀납하는 방법이다. 예를 들어, 단체로 식사를 했는데 그중 몇 사람이 고열을 호소하며 설사를 한다면 원인을 찾아내기 위해 증상을 보인 사람들이 먹은 음식이나 행동을 조사한다. 이때 증상을 보인 사람들이 공통적으로 먹은 음식이나 행동이 있었다면 그 음식이나 행동이 원인일 것이라고 귀납하는 방법이다. 일치법은 전염병이나 식중독 같은 사건이 발생했을 때 그 원인을 찾아내는 역학 연구에서 많이 사용하는 논리다. 역학 연구에서는 다음에 기술하는 차이법도 사용한다.

차이법은 결과 사건이 일어난 경우와 결과 사건이 일어나지 않은 경우를 비교했는데, 두 집단이 특정 조건에서 달랐다면 그 조건이 결과 사건의 원인일 것이라고 귀납하는 방법이다. 예를 들어, 증상을 보인 사람들은 끓이지 않은 물을 마셨는 데 반해, 증상을 보이지 않은 사람들은 끓인 물을 마셨다면 끓이지 않은 물이 원인과 관련되어 있을 것이라고 판단한다. 차이법 논리는 가설을 검증하기 위해 특정 실험 처치가 주어진 실험 집단과 그 실험 처치가 주어지지 않은 통제 집단의 수행을 비교하는 실험 연구에 사용되는 논리라고 볼 수 있다.

사람들이 원인 후보를 찾을 때 사용하는 주된 정보 중의 하나는 시간 순서다. 원인은 결과보다 시간적으로 앞서야 한다. 식중독 사건이 발생했다면 우리는 증상이 나타나기 전에 먹은 음식이나 행동을 조사하지, 증상이 나타난 다음의 행동을 조사하지는 않는다. 또 결과 사건이 물리적인 속성을 지닌 사건이라면 결과 사건과 공간적으로도 가까이에서 발생한 사건이나 상황이 원인 후보로 간주되는 경향이 높다. 예를 들어, 팔이 찌릿찌릿 저리면 흔히 팔의 염증이나 혈액 순환 장애를 생각하는데, 목 디스크가 원인인 경우를 종종 볼 수 있다. 사람들이 목 디스크를 원인 후보로 고려하지 않는 것에는 관련 지식이 없는 탓이 크지만, 결과 사건과 물리적으로 가까운 곳에서 원인을 찾으려는 경향성 때문일 수도 있다.

사람들이 자각하지는 못하지만 원인 후보를 찾을 때 영향을 미치는 중요한 요인 중의 하나는 공변(covariation)이다. 공변이란 두 사건이 같이 변한다는 의미로, 두 사건 중 한 사건이 발생할 때 다른 사건이 발생하는 정도가 높고, 두 사건 중 한 사건이 발생하지 않을 때 다른 사건도 발생하지 않는 정도가 클 때 두 사건의 공변이 크다. 참고로 인과 추리에서 중요한 논문 중의 하나인 아인혼과 호가스(Einhorn & Hogarth, 1986)의 논문에서는 인과 추리에 사용되는 단서로 공변, 시간 순서, 시공간적 근접 그리고 유사성 등을 제안하였다.

2) 인과 추리를 하는 방법에 대한 이론

사람들이 인과 추리를 하는 방법에 대해 제기된 많은 이론 중에서 중요한 이론으로 공변 이론, 기제 이론, 그리고 인과모형 이론의 세 가지를 들 수 있다. 각 이론에 대해 알아보도록 하자.

(1) 공변 이론

원인 후보들을 선정하면 각 후보별로 그 후보 사건이 원인일 가능
성을 알아본다. 이때 가장 널리 사용되는 정보 중의 하나가 공변이다.

〈표 3-1〉 유관표를 이용한 공변 계산

		결과 사건(E)	
		있다	없다
원인 사건 (C)	있다	a	b
	없다	c	d

		결과 사건(E)	
		있다	없다
원인 사건 (C)	있다	40	20
	없다	20	40

		결과 사건(E)	
		있다	없다
원인 사건 (C)	있다	40	20
	없다	10	5

공변이란 두 사건이 같이 변한다는 의미인데, 원인 사건 C와 결과
사건 E가 공변관계인가를 알아보는 방법으로 〈표 3-1〉처럼 유관표
(contingency table)를 그려 보는 방법이 있다. 두 사건의 공변이 크다
는 것은 한 사건이 발생할 때 다른 사건이 같이 발생하는 정도가 높
고, 한 사건이 발생하지 않을 때 다른 사건도 발생하지 않는 정도가
높다는 것인데, 이는 한 사건이 발생하지 않을 때 다른 사건이 발생할

확률이 낮다는 것과 같은 의미다. 이것은 원인 사건이 일어났을 때 결과 사건이 일어나는 조건 확률 a/(a+b)이 원인 사건이 일어나지 않았을 때 결과 사건이 일어나는 조건 확률 c/(c+d)보다 커야 한다는 의미다. 그러려면 유관표에서 a/(a+b)와 c/(c+d)라는 두 개의 조건 확률을 계산하고 비교해야 한다. a/(a+b)와 c/(c+d)의 차이를 Δp라 하는데(Ward & Jenkins, 1965), Δp가 0이면 두 변인은 공변관계가 아니라는 뜻이고, Δp가 크면 두 변인이 공변관계인 정도가 크다는 뜻이다.

이제 〈표 3-1〉에서 가상의 자료를 담은 두 번째 표와 세 번째 표를 보도록 하자. 얼핏 보면 두 표 모두 원인 사건과 결과 사건이 공변관계인 것처럼 보인다. 그러나 두 번째 표에서만 공변관계이고, 세 번째 표에서는 공변관계가 아니다. 두 번째 표에서 Δp = 40/(40+20) - 20/(20+40) = 2/3 - 1/3 = 1/3이어서 공변이 있다. 그러나 세 번째 표에서 Δp = 40/(40+20) - 10/(10+5) = 2/3 - 2/3 = 0이어서, 원인 사건과 결과 사건 간에 공변이 없다.

그런데 상당수의 사람은 세 번째 유관표를 보고 공변관계라고 판단한다. 왜 이런 일이 일어날까? 두 개의 조건 확률을 계산하고 두 값을 비교하는 것은 작업기억에 부담이 크다. 작업기억 용량을 네 개 정도로 보는 것을 고려할 때 a, b, c, d 네 개의 값을 고려하는 것만으로도 작업기억에 부담이 적지 않은데, 공변관계인지 파악하려면 a/(a+b)와 c/(c+d)라는 두 개의 조건확률을 계산하고 두 조건 확률값의 차이를 비교하는 세 개의 조작을 해야 한다.

사람들이 이렇게 사고하기를 기대하는 것은 비현실적이다. 사람들은 여러 가지 부정확한 방법을 사용한다. 가장 간단한 방법은 원인 사건이 발생했을 때 결과 사건이 발생한 경우만을 고려하는 방법이다. 즉, 〈표 3-1〉에서 a칸만 고려하는 방법이다. 이 방법은 자기가 생각하는 가설을 지지하는 사례만을 조사하는 확증 편향적인 행동으로 볼 수 있는데, 아동에게서 많이 관찰된다. 이런 방식으로 두 변인의 공변을 판단할 경우 세 번째 표에서처럼 a칸의 빈도가 크면 자기의 판단이 옳다고 생각하는 오류를 범하기 쉽다.

이보다 조금 발전된 방법은 두 칸을 보는 방법이다. 두 칸을 보는 방법으로는 세 가지가 있는데, 그중 두 가지는 원인이나 결과 중 하나를 발생으로 고정하고 다른 사건의 발생 여부를 보는 방법이다. 즉, 원인 사건이 있을 때 결과가 발생했는지를 보는 방법과 결과 사건이 발생했을 때 원인 사건이 있었는지를 보는 방법인데, 원인 사건이 있을 때 결과가 발생했는지를 보는 방법을 사용하는 경우가 많다. 그러니까 원인 사건이 있을 때 결과가 발생한 a칸과 원인 사건이 있을 때 결과가 발생하지 않은 b칸의 차이(a − b)가 크면 두 사건이 공변관계라고 판단하는 방법이다. 이 방법을 쓸 경우 세 번째 표를 보고 두 변인이 공변관계라고 판단하게 된다. 결과 사건이 발생했을 때 원인 사건이 있었는지를 보는 경우에는 원인 사건이 있고 결과가 발생한 a칸과, 원인 사건이 없고 결과가 발생한 c칸의 차이(a − c)가 크면 두 사건이 공변관계라고 판단한다.

두 칸을 보는 방법 중 세 번째 방법은 조금 복잡하다. 이 방법에서는 원인이나 결과 중 하나를 고정하는 것이 아니라 원인과 결과가 같이 발생한 a칸과 원인과 결과가 모두 발생하지 않은 d칸을 고려한다. 이 방법은 한 사건이 발생할 때 다른 사건이 같이 발생하는 빈도가 크고, 한 사건이 발생하지 않을 때 다른 사건도 발생하지 않는 빈도가 크면 두 사건을 공변관계라고 보는 것이라서 공변의 일상적인 정의에 부합하는 방식처럼 보일 수 있다. 앞에서도 말했듯이 두 사건이 공변관계인지 알아보려면 두 조건 확률의 차이를 보아야 하는데, 이 방법은 두 칸의 빈도만을 보기 때문에 부정확한 판단을 내릴 수 있다.

또 다른 방법은 네 칸을 다 고려하기는 하지만 조건 확률을 계산하는 것이 아니라 대각선 빈도 합의 차이를 보는 방법이다. 그러니까 한 사건이 발생할 때 다른 사건이 같이 발생하는 빈도와 한 사건이 발생하지 않을 때 다른 사건도 발생하지 않는 빈도의 합인 (a + d)에서 나머지 두 칸의 빈도의 합인 (b + c), 즉 확증 사례 총빈도에서 비확증 사례 총빈도를 빼는 방법이다. 대각선 빈도 합의 차이를 보는 대각선 차이 방법은 원인이 발생하는 빈도 (a + b)와 발생하지 않는 빈도 (c + d)가 비슷하고, 결과가 발생하는 빈도 (a + c)와 발생하지 않는 빈도 (b + d)가 비슷한 경우에는 공변관계를 비교적 잘 판단하지만, 이 빈도들이 비슷하지 않은 경우에는 잘못 판단할 가능성이 있다.

지금까지 우리는 공변의 지표인 Δp와 사람들이 공변을 추정할 때 사용하는 여러 가지 방법에 대해 알아보았다. 그런데 공변의 지표인 Δp가 인과관계 정도를 정확하게 알려 주지는 않는다. Δp가 크면 두 사건이 인과관계일 가능성이 높다고 할 수는 있지만, 인과관계의 강도를 알려 주는 데는 한계가 있다. a / (a + b)와 c / (c + d)가 각기 1.0과 0.2인 경우와 0.8과 0.0인 경우를 생각해 보자. 두 경우 모두 $\Delta p = 0.8$이다. 그러나 사람들은 이 두 경우에 원인 사건이 결과 사건을 일으키는 정도가 같다고 생각하지 않는다. 첫 번째 경우에는 다른 원인도 있지만 그 원인 사건이 발생하면 결과 사건은 항상 일어났다. 그러나 두 번째 경우에는 다른 원인 사건은 없지만, 그 원인 사건이 발생해도 결과 사건은 80%에서만 발생했다.

이 예에서 알 수 있듯이 원인 사건이 결과를 발생시키는 정도를 알려 줄 지표가 필요한데, 쳉(Cheng, 1997)은 이를 위해 인과력(causal power)이라는 지표를 제안하였다. 쳉은 인과력을 특정 원인 사건이 결과 사건을 일으키는 생성 인과력과, 특정 원인 사건이 결과 사건을 일어나지 않게 하는 방지 인과력의 두 유형으로 나누었는데, Δp를 [1 - {c / (c + d)}]로 나눈 값, 즉 Δp / [1 - c / (c + d)]를 특정 원인 사건이 결과 사건을 발생시키는 생성 인과력으로 제안하였다. 이를 앞의 두 경우에 적용해 보면, 첫 번째 경우의 생성 인과력은 0.8 / (1 - 0.2) = 1.0이지만, 두 번째 경우의 생성 인과력은 0.8 / (1 - 0.0) = 0.8이 되어, 사람들이 두 경우에 특정 원인 사건이 결과 사건을 일으키는 정도를 다르게 지각하는 것을 설명할 수 있다.

공변의 가장 큰 약점은 두 사건이 공변관계라는 것이 두 사건이 인과관계라는 것을 의미하지는 않는다는 점이다. 두 사건 A, B가 공변관계를 보이는 경우는 A가 B의 원인인 경우, B가 A의 원인인 경우, A와 B가 제3의 공통 원인인 C의 결과인 경우의 세 가지가 있을 수 있

는데, 공변 정보만으로는 이 세 가지 가능성 중에서 어느 것이 실제
인과관계인지 결정할 수가 없다.

(2) 기제 이론

한때 유럽에서는 각 가정에서 밤에 조명을 사용하는 시간과 그 가
정의 아이의 시력 간의 부적 상관이 높은 이유를 찾아내지 못하다가
부모의 시력이 이 두 사건과 상관이 높다는 것을 발견하고서야 이 상
관을 인과적으로 설명할 수 있게 되었다. 즉, 부모의 시력이 나쁘니까
밤에 조명을 오래 사용했고, 시력은 유전적인 요인이 있어서 부모의
시력이 나쁘면 아이의 시력도 나쁘다는 결과가 나왔던 것이다. 이 일
화에서 볼 수 있듯이 두 사건이 인과관계려면 두 사건이 인과적인 기
제(causal mechanism)로 연결되어야 한다.

기제 이론에서는 인과관계를 판단할 때 원인 사건이 결과 사건과
인과적인 기제로 연결되어야 한다고 본다. 즉, 두 사건이 공변관계일
뿐만 아니라 두 사건이 어떻게, 그리고 왜 인과적으로 연결되는가가
납득될 경우에 인과관계로 더 잘 판단한다는 것이다. 예를 들어, 밤에
폭설이 내려 길이 미끄러운 것은 쉽게 이해되지만 도로포장재에 들어
간 특정 화학물질 때문에 길이 미끄럽다는 설명은 쉽게 이해되지 않
는다. 그러나 후자의 경우에도 도로포장재에 들어간 특정 화학물질
이 0℃보다 높은 온도에서 물이 얼게 한다는 정보를 제공하면 도로포
장재에 들어간 화학물질 때문에 길이 미끄럽다는 설명이 합리적인 설
명으로 받아들여지게 된다.

어떤 사건들이 인과 기제로 연결되어 있는지를 판단할 때 사용할 수 있는 정보로 사전 지식을 들 수 있다. 앞의 예에서 폭설과 길이 미끄러운 것 간의 인과관계는 일반인들에게 잘 알려진 것이지만 특정 화학물질이 빙점을 높여 길을 미끄럽게 한다는 것은 잘 알려져 있지 않다. 그래서 두 번째 설명에 추가 설명이 없을 경우 두 번째 설명은 첫 번째 설명보다 설득력이 떨어진다.

인과 기제 정보는 우리가 인과 추리를 하는 데 중요한 역할을 하며, 우리가 두 사건이 인과관계인지 알아보기 위해 정보를 탐색할 때에도 큰 영향을 미친다. 안 등(Ahn, Kalish, Medin, & Gelman, 1995)은 "데이브가 어제 저녁 식당에서 닭 요리를 먹고 오늘 아침에 배가 아팠다."와 같은 문장에 대해 '사람들은 다른 요리를 먹을 때보다 닭 요리를 먹을 때 배가 더 많이 아프다'는 공변에 근거하는 설명과 '그 식당의 요리사는 늘상 닭을 설익게 요리한다'라는 인과 기제에 근거하는 설명을 주고 각각이 얼마나 적절한 설명인지 판단하게 하였는데, 인과 기제에 근거하는 설명을 더 적절하다고 판단하였다. 이들은 이 논문에 실린 또 다른 실험에서 '개막 공연에서 발레리나가 미끄러져서 무대에 넘어졌다'와 같은 문장을 주고 이유를 알아보려면 무엇을 알아보아야 하는지 적게 했더니 공변 정보보다 기제 정보를 적은 빈도가 훨씬 많았다.

인과 추리를 할 때 공변 정보와 인과 기제 정보가 같이 주어지면 어떤 일이 일어날까? 후겔상과 탐슨(Fugelsang & Thompson, 2003)은 공변 정보와 인과 기제 정보를 같이 제공하고 어느 정보가 얼마나 영향을 미치는지 알아보았다. 그중 한 실험에서는 두 사건의 인과 기제를 알려 주는 기제 정보 조건, 과거 두 사건이 공변관계를 보여 주었다는 정보를 제공하는 통계 정보 조건, 그리고 인과 기제도 과거 공변 정보도 제공하지 않는 통제 조건의 세 조건을 만든 다음 각 조건에 공변 정보를 알려 주고 두 사건이 얼마나 인과적인지 판단하게 하였다. 예를 들어, 공변이 .90인 경우 폭설이 내린 10곳 중에서 9곳이 길이 미끄러웠지만, 폭설이 내리지 않은 10곳 중에서는 한 곳도 길이 미끄럽지 않았다는 방식으로 공변 정보를 주었다.

이 실험에서 공변 정보와 기제 정보 모두 인과 추리에 영향을 주었다. 공변이 낮은 조건에서보다 공변이 높은 조건에서 인과 정도를 훨씬 크게 판단하였다. 또 공변에 더해 기제 정보(예, 폭설이 밤새 얼어붙어 길이 미끄러워졌다)나 과거 통계 정보(예, 폭설이 내렸던 지난 10번 중 9번 길이 미끄러웠다)를 제공받은 집단은 통제 조건보다 두 사건 간의 인과 정도를 높게 판단하였다. 이 연구에서 주목할 부분은 공변 증가의 효과는 인과 기제 정보를 제공받은 경우에 가장 컸다는 점이다. 이는 인과 기제 정보가 공변에 대해 더 그럴싸한 설명을 제공하기 때문인 것으로 보인다.

인과 기제는 공변관계만으로는 설명할 수 없는 현상들도 잘 설명한다. 앞에서 서술했듯이 두 사건이 공변관계라는 것만으로는 어느 사건이 원인이고, 어느 사건이 결과인지 판명하기 어렵지만, 인과 기제를 알게 되면 어느 사건이 원인인지 판명할 수 있게 된다.

인과 기제는 두 개 이상의 사건이 관련된 복잡한 인과 상황에서 인

과 판단을 하는 데 도움을 준다. 한 사건(A)이 두 사건(B, C)의 원인
이 되는 공통 원인 구조를 생각해 보자. 공변 정보만 보면 A와 B, A와
C, 그리고 B와 C, 이 세 개의 공변이 모두 커서 어떤 사건이 원인이고,
어떤 사건이 결과인지 판단하기 어렵다. 그러나 사람들은 사건들 간
의 가능한 인과 기제를 고려해서 인과관계를 판단하는 것으로 보인다
(Park & Sloman, 2013). 예를 들어, 흡연(A), 재정적 부담(B), 폐 건강 악
화(C)라는 세 사건이 공변관계일 때 사람들은 흡연이 나머지 두 사건
의 원인이라고 볼 수 있지만, A → B의 인과 기제와 A → C의 인과 기
제는 다르다고 생각한다. 반면에 흡연(A), 혈관 손상(B), 폐 건강 악화
(C)라는 세 사건이 공변관계일 때 사람들은 A → B의 인과 기제와 A →
C의 인과 기제는 같다고 생각한다.

인과 기제 정보는 인과 추리를 넘어서서 상관 판단이나 범주 학습
에도 영향을 미친다. 채프만과 채프만(Chapman & Chapman, 1967)은
인과 기제에 대한 지식이 실제로는 상관이 없는 두 사건들 사이에 상
관이 있는 것처럼 보게 만든다는 것을 보여 주고, 이를 착각적 상관
(illusory correlation)이라 불렀다. 이들은 임상심리학자들에게 특정한
심리특성을 가진 사람들은 특정 검사에서 독특한 양상을 보인다는 잘
못된 지식이 있다는 것을 검증하기 위해, 특정 심리특성과 검사 사이
에 상관이 없게 만든 재료를 주고 둘 사이에 상관이 있는지 판단하게
했다. 그랬더니 둘 사이에 상관이 없게 제작한 실험 재료를 보고도 이
들은 둘 사이에 상관이 있는 것으로 판단하였다. 지식이 상관이나 인
과를 지각하는 데 영향을 미친 것이다. 지식이 상관을 판단하는 데 영

향을 미치는 것이 고정관념을 유지하게 하는 원인이 되기도 한다는 주장도 있다. 해밀톤과 로즈(Hamilton & Rose, 1980)는 고정관념이 특정 집단의 사람들이 특정 특질을 보여 줄 것으로 기대하게 만들어 둘 사이의 상관을 실제보다 더 크게 판단하게 한다고 주장하였다.

(3) 인과모형 이론

앞에서 두 사건이 공변관계라는 것만으로는 인과관계를 밝혀내는 것이 어렵다는 것을 보았다. 그리고 인과관계를 밝혀내는 데 인과 기제 정보가 유용하다는 것을 살펴보았다. 그 예로 사람들은 세 사건이 공변관계일 때 인과 기제 지식을 이용해서 세 사건이 어떤 인과관계로 연결되는지 구분하는 것 같다는 결과를 보았다. 슬로만(Sloman, 2005)은 사람들이 마음속에 요소들 간의 인과관계를 표상한 인과모형(causal model)을 구성해서 인과 추리를 한다는 인과모형 이론을 제안하여 이런 결과들을 설명하려 하였다.

일상생활에서 일어나는 사건들에는 세 개 혹은 그 이상의 요인들이 관여하는 경우가 많다. 여러분이 위염으로 인한 통증을 호소하는 환자를 치료하는 의사라고 생각해 보자. 위염의 원인이 될 수 있는 요인들은 아주 다양하다. 스트레스가 위염을 일으켰을 수도 있고, 자극적인 음식을 먹었기 때문에 위염이 생겼을 수도 있고, 박테리아 감염 때문에 위염이 발생했을 수도 있다. 그리고 위염 때문에 통증을 경험할 수 있다. 이런 요인들 간의 인과관계를 심적으로 표상한 것이 인과모형이다. 그리고 이 인과모형이 맞다면 스트레스를 줄이거나 자극적인 음식을 줄이거나 박테리아를 치료하면 위염이 치료되거나 완화되어 통증을 적게 경험할 것으로 기대하게 된다. 이처럼 인과모형을 이용해서 우리는 어떤 현상을 효율적으로 이해하고 효율적인 대처 방안을 찾아낼 수 있다.

그럼 어떻게 하면 정확한 인과모형을 만들 수 있을까? 앞에서 공변 정보만으로는 요인들 간의 인과관계를 판단하는 것이 어렵다고 했는데, 인과모형 이론에서는 관찰이 아니라 개입(intervention)을 하면 인과관계를 훨씬 더 정확하게 파악할 수 있다고 주장한다. 인과모형에 있는 단계들 중에서 특정 단계에 처치를 가하게 되면 그 이후 단계에는 변화가 일어나지만 그 이전 단계나 다른 인과 경로에는 변화가 일어나지 않는다는 것이 개입을 이용해서 정확한 인과모형을 구성하는 논리의 요지다. 박테리아나 자극적인 음식이 위염을 초래해서 통증을 경험하는 예를 가지고 생각해 보자. 박테리아를 치료하기 위해 항생제를 먹는 개입을 할 경우, 박테리아가 위염의 원인이라면 위염도 치료되고 통증도 없어진다. 그러나 박테리아가 아니라 자극적인 음식의 섭취가 위염의 원인이라면 항생제를 먹어도 위염이나 통증에는 변화가 일어나지 않는다. 이 예에서 볼 수 있듯이 인과모형 이론에서는 개입을 이용해서 비교적 정확하게 인과관계를 판단할 수 있다고 주장한다.

인과모형을 이용하면 다양한 인과 현상을 설명할 수 있다. 인과모형을 이용하면 하나의 원인에 결과가 두 개인 공통 원인 구조일 때 두 결과 사건의 인과 기제가 같은 경우, 두 결과 사건 중 하나의 결과 사건의 발생 여부가 나머지 결과 사건의 발생 가능성을 추정하는 데 영향을 미치지만, 두 결과 사건의 인과 기제가 다른 경우 영향을 미치지 않았다는 결과(앞에서 서술했던 흡연 문제)를 설명할 수 있다.

그뿐만 아니라 인과모형을 이용해서 인과 추리를 하게 되면 인과 절감(causal discounting) 현상도 설명할 수 있다. 인과 절감은 대안적인 원인이 여러 개 있는 공통 결과 유형에서 여러 원인 중 하나의 원인이 있다는 것이 밝혀지면 다른 원인들을 원인으로 판단하는 정도가 줄어드는 현상을 가리킨다(Kelley, 1967). 두 사건(A, B)이 한 사건(C)의 원인이 되는 공통 결과 구조를 생각해 보자. 자극이 강한 음식(A)을 먹거나 스트레스(B)를 받으면 위염(C)이 발생할 수 있다. 이제 한 집단의 사람들에게는 C가 참이라는 것을 알려 주고 A가 C의 원인일 가능성을 추정하게 하고, 다른 집단의 사람들에게는 C가 참이라는 것을 알려 주고, 이어서 B가 참이라는 것을 알려 준 다음 A가 C의 원인일 정도를 추정하게 하면 어떤 일이 일어날까? 사람들은 C가 참이라는 것만 알려 주었을 때보다 C와 B가 참이라는 것을 알려 주었을 때 A가 C의 원인일 가능성을 낮게 추정하는 경향을 보인다. 가능한 원인 사건이 두 개인데 그중 하나가 원인이라고 알려 주었더니 다른 원인 사건이 참일 가능성을 낮게 추정하였다.

3) 인과 추리에서 나타나는 특징적 현상들

지금까지 서술한 현상 외에도 사람들은 인과 추리를 할 때 몇 가지 재미있는 행동 경향성을 보인다. 여기서는 세 가지 경향성에 대해 알아본다. 첫 번째 경향성은 인간 편향이다. 사람들은 행위 주체가 사람이 아닐 때보다 사람일 때 인과 추리를 잘 한다. 두 번째 편향은 자발적 행위 편향이다. 사람들은 비자발적 행위보다 자발적 행동을 원인으로 강하게 본다. 세 번째 경향성은 여러 개의 사건이 인과 연쇄 구조를 보일 때 인과 연쇄에 포함된 요인들 중에서 어떤 요인을 더 원인이라고 판단하느냐에 관한 것이다. 예를 들어, 스트레스가 위염을 일으켜서 통증을 느끼는 경우(스트레스 → 위염 → 통증) 스트레스를 통증의 더 중요한 원인이라고 생각하는지 아니면 위염을 통증의 더 중요한 원인으로 보는지의 문제다. 인과 연쇄에서 기본 원인인 스트레스가 더 중요하다는 연구 결과도 있고, 인과 연쇄에서 결과 사건에 더 가까운 원인(근접 원인)이 더 중요하다는 결과도 있어서, 이 문제는 조금 더 연구해 보아야 한다.

4) 단일 사건의 인과 추리

지금까지는 반복적으로 일어나는 일반적인 사건에 대해 인과 추리를 할 때 사용하는 방식에 대해 알아보았다. 그러나 우리가 일상생활에서 인과 추리를 할 때는 단 한 번 발생한 특정 사건의 원인을 찾아내려고 하는 경우가 많다. 그리고 그 인과 추리를 토대로 누구에게 책임을 물어야 할지, 얼마나 책임을 물어야 할지, 누구에게 상을 주어야 할지 등을 결정한다.

단일 사건의 인과를 추리할 때는 어떻게 할까? 예를 가지고 시작해 보자. 오후 5시에 출발하는 기차를 타려고 친구들이 평소 출발하던 시간보다 10분 일찍 택시를 탔다. 그리고 택시 기사에게 기존 도로보다 빠르다고 알려진 새로 개통된 도로로 가 달라고 부탁했다. 그런데 갑자기 길이 막혀 기차를 못 탔다. 기차를 못 타게 된 원인은 무엇일까? 평소보다 길이 밀려서일까, 아니면 늘 다니던 길이 아닌 새로운 길로 왔기 때문일까?

앞의 예에서 평소와 다른 상황이나 사건을 원인 후보로 들었는데, 이는 나름대로 합리적인 사고라고 볼 수 있다. 왜냐하면 예상하지 않았던 일이 일어났을 때 일상적인 것에서 벗어난 상황이나 사건을 원인으로 생각하는 것은 나름 합리적인 것으로 볼 수 있기 때문이다 (Kahneman & Miller, 1986).

그럼 살인 사건의 범인을 찾아내야 하는 것과 같은 상황에서는 어떻게 원인을 파악할까? 공변을 계산하려면 원인 사건이 있을 때 결과 사건이 일어난 확률과 원인 사건이 없을 때 결과 사건이 일어난 확률을 비교해야 하는데, 단일 사건에서는 결과 사건이 단지 한 번 일어난 것이기 때문에 공변 자체를 계산할 수가 없다. 또 단일 사건의 경우 일상적이지 않은 상황이나 사건이 두 개 이상인 경우도 많기 때문에 바로 앞에서 서술한 방법, 즉 일상적이지 않은 상황이나 사건을 원인 후보로 고려하는 방법도 단일 사건의 인과 추리를 하는 데 충분하지 못한 경우가 많다.

연구자들은 단일 사건의 인과를 추리할 때 사용하는 방안으로 공변을 응용한 추리(Spellman, 1997)나 역사실 추론(counterfactual inference; Kahneman & Tversky, 1982)을 제안했다. 그럼 공변을 응용한 추리와 역사실 추론에 대해 알아보고, 이 둘이 단일 사건의 인과 추리를 설명하는 데 문제가 있는지에 대해 알아보자.

(1) 인과 부여 모형

스펠만(Spellman, 1997)은 원인 후보가 여러 개인 단일 사건에서 원인을 결정할 때 사용하는 방안으로 공변을 응용한 추리인 인과 부여 모형(crediting causality model)을 제안하였다. 스펠만은 결과가 발생할 사전 확률을 계산한 다음, 원인으로 제안된 각각의 원인 후보별로 그 원인 후보가 있을 경우 결과가 발생할 확률을 추정해서 사전 확률과 차이가 가장 큰 원인 후보를 원인으로 간주한다고 제안하였다. 다음 예를 보자. 두 사람이 한 명씩 동전을 던져서 같은 면이 나오면 상을 받고, 다른 면이 나오면 벌을 받는 게임이 있다. 철수와 영수가 그 게임을 했다. 먼저 철수가 던졌는데 앞면이 나왔다. 이어서 영수가 동전을 던졌는데 뒷면이 나와 벌을 받게 되었다. 이 결과에 대해 많은 사람이 영수에게 더 책임이 있다고 답한다. 이 예에 인과 부여 모형을 적용해 보자. 두 사람이 동전을 던졌을 때 나올 수 있는 경우의 수는 던진 순서로 표기하면 앞면-앞면, 뒷면-뒷면, 앞면-뒷면, 뒷면-앞면의 넷이고, 그중 처음 두 경우에서 상을 받으니까 상을 받을 사전 확률은 1/2이다. 이제 철수가 동전을 던지고 난 다음에 상을 받을 확률을 다시 계산해 보자. 남은 가능성은 영수가 던질 동전이 앞면이 나오는 경우와 뒷면이 나오는 경우 이렇게 두 가지이고, 상을 받을 확률은 1/2이다. 그러니까 철수가 동전을 던진 것은 상을 받을 확률을 변화시키지 않았다. 그럼 영수가 동전을 던지고 난 다음 상을 받을 확률은 어떻게 되나? 두 사람이 던진 동전이 서로 다른 면이 나왔으니 상을 받을 확률은 0이다. 그러니까 철수가 동전을 던진 것은 상을 받을 확률을 변화시키지 않았지만, 영수가 동전을 던진 것은 상을 받을 확률을 1/2에서 0으로 바꾸었다. 따라서 인과 부여 모형에 따르면 벌을 받게 된 데에는 영수 탓이 크다고 보게 된다.

(2) 역사실 추론

사람들은 단일 사건의 인과를 추리할 때 역사실 추론(counterfactual inference)을 하는 경우도 많다. 역사실 추론이란 실제 일어난 사건이나 행동(사실)에 반대되는 사건이나 행동이 일어나면(역사실) 어떤 결과가 발생하는지를 생각하는 것을 가리킨다. 우리는 시험에 떨어지거나 사고가 나는 것과 같이 부정적인 결과를 얻을 경우에 역사실 추론을 많이 하는데, 그 원인 사건이 일어나지 않았다면 결과 사건이 발생하지 않았을 것이라고 추정되면 그 사건을 원인이라고 생각하는 것이 역사실 추론에 입각한 인과 추리다. 원인 후보가 여러 개 있다면 결과 사건이 일어나지 않았을 가능성이 가장 높을 것으로 생각되는 원인 후보 사건을 가장 유력한 원인으로 고를 수 있다.

역사실 추론에서는 그 원인 사건이 일어났다면 또는 일어나지 않았다면 결과가 어떨지를 따져 보기 때문에 쌍조건적인 사고("if and only

if")를 하기 쉬워져서 그 원인 사건이 결과가 발생하는 데 필요조건인
지를 밝히는 데 도움이 된다. 그래서 역사실 추론이 인과 추리에 유용
할 수 있다. 그러나 필요조건이라고 해서 결과 사건이 반드시 발생해
야 하는 것은 아니라는 점은 역사실 추론의 제한점이라 할 수 있다.

인과 추리를 할 때 역사실 추론이 중요하다는 생각은 심리학에서
는 카너먼과 트버스키(Kahneman & Tversky, 1982)가 인과 추리를 하
는 데 역사실적 모의사고(counterfactual simulation)가 유용하다는 주
장을 한 이후 널리 다루어지게 되었다. 인과 추리를 할 때 역사실 추
론이 중요하다는 생각은 법학에서 상당히 널리 퍼져 있다(Spellman &
Kincannon, 2001).

앞에서 서술했듯이 사람들은 부정적인 결과를 얻었을 경우에 역사
실 추론을 많이 하는데, 특히 아슬아슬하게 실패한 경우, 통제 가능한
요인이 포함된 사건인 경우, 그리고 비도덕적 사건일 경우에 역사실
추론을 많이 한다. 부정적인 결과를 얻었을 때 역사실 추론을 많이 하
다 보니, 역사실 추론은 후회와도 밀접한 관련을 갖는다. 특히 아슬아
슬하게 실패한 경우나 통제 가능한 요인이 포함된 사건인 경우에 후
회를 많이 한다. 기차를 5분 차이로 놓친 것과 20분 차이로 놓친 것은
기차를 못 탔다는 점에서는 같지만 사람들은 5분 차이로 기차를 놓친
경우 더 아쉬워한다. 또 다른 사람이 한 행동의 결과로 부정적인 사건
이 발생한 경우보다 자기가 한 행동의 결과로 부정적인 사건이 발생
한 경우에 더 많이 후회한다. 그리고 사람들은 역사실 추론을 통해 원
인으로 간주되는 사건이 통제 가능한 사건일 경우 비도덕적이라는 비

판을 받기가 쉽다.

지금까지 부정적인 결과 사건이 일어났을 때 행하는 역사실 추론을 다루었지만, 긍정적인 결과를 얻었을 때에도 역사실 추론을 할 수 있다. 역사실 추론을 할 때 기대하는 결과가 지금보다 긍정적인 결과일 때를 상향 역사실 추론이라 하고, 부정적인 결과일 때를 하향 역사실 추론이라 한다. 상향 역사실 추론과 하향 역사실 추론이 얼마나 다른 결과를 이끌어 내는지를 1995년에 발표된 연구가 잘 보여 준다(Medvec, Madey, & Gilovich, 1995). 대학생들에게 올림픽에서 금, 은, 동메달을 딴 선수의 얼굴 사진을 보여 주고 그 선수가 얼마나 행복해하는지를 평정하게 했더니 은메달을 딴 선수보다 동메달을 딴 선수의 얼굴을 더 행복하다고 평정했다. 이 연구자들은 그 이유로 상향 역사실 추론과 하향 역사실 추론을 제안했다. 그러니까 은메달을 딴 선수들은 '조금만 더 집중해서 했더라면 금메달을 딸 수 있었을 텐데.'라는 상향 역사실 추론을 했을 것인 데 반해, 동메달을 딴 선수들은 '조금만 방심했더라면 메달을 따지 못했을 거야.'라는 하향 역사실 추론을 했을 것으로 해석하였다. 일반적으로 상향 역사실 추론은 미래에 그런 사건이 다시 일어나는 것을 예방하는 효과를 갖고, 하향 역사실 추론은 정서적으로 안도하게 하는 효과를 주는 것으로 간주된다.

인과 추리에서 나타나는 행동 경향성에 대해 다룰 때, 스트레스 → 위염 → 통증처럼 기본 원인 → 근접 원인 → 결과 사건으로 구성된 인과 연쇄에서 기본 원인과 근접 원인 중 어느 원인을 더 중요하다고 생각하는지에 대해 아직 논쟁 중이라고 서술했는데, 역사실 추론에서는 일련의 사건이 인과 연쇄이냐 시간적 연쇄이냐에 따라 사람들이 역사실 추론을 하는 대상이 다른 경향이 있다는 것을 보여 준다(Spellman & Kincannon, 2001). 인과 연쇄인 경우에는 근접 원인보다 기본 원인이 역사실 추론의 대상이 되는 경향이 있다. 예를 들어, 길이 밀려 과속을 했고 그러다 단속에 걸려 벌금통지서를 받았고 그래서 기차를 놓친 경우 '길이 밀림→ 과속 → 단속 걸림 → 기차 놓침'의 인과 연쇄를 그릴 수 있는데, 사람들은 '단속에 걸리지 않았더라면 기차를 놓치지 않았을 텐데.'라는 역사실 추론보다 '길이 밀리지 않았더라면 기차를 놓치지 않았을 텐데.'라는 역사실 추론을 많이 하는 경향을 보인다. 그러나 앞에서 예로 들었던 동전 던지기 사건(철수 앞면 → 영수 뒷면 → 벌 받음)처럼 사건들이 인과적 관련성은 없고 단지 시간적인 선후로 연결되는 시간적 연쇄인 경우에는 보다 최근에 일어난 사건에 대해 역사실 추론을 많이 하는 경향을 보인다.

5) 인과 연구방법: 후향적 연구와 전향적 연구

인과 연구방법에 대해 간략하게 소개하는 것으로 인과 추리를 마무리하도록 하자. 인과 연구방법은 전향적 연구와 후향적 연구로 나뉜다. 이는 가설 설정 시점이 자료 수집 시점보다 앞이냐 뒤냐에 따라 구분된다. 후향적 연구(retrospective research)는 특정 사건의 원인을 파악하기 위해 이전 자료를 조사하는 연구를 말하고, 전향적 연구(prospective research)는 인과관계를 찾아내기 위해 체계적으로 자료를 수집하는 연구를 말한다.

식중독의 원인을 찾아내기 위해 어떤 음식을 먹었는지 조사하는 연구나 스트레스가 암의 원인인지 알아보기 위해 암환자와 정상인들을 대상으로 최근 3년간의 스트레스 수준을 조사하는 연구가 후향적 연구의 예다. 후향적 연구에서는 이전 자료를 조사하는데, 해당 자료 중 일부만 보관되어 있을 수도 있고, 이전 사건들을 회상해야 할 경우 사람들의 회상이 선별적이고 왜곡되었을 가능성도 많아 자료의 대표성과 정확성을 보장할 수 없다. 그래서 후향적 연구를 통해 찾아내는 인과관계는 제한적일 수밖에 없다. 후향적 연구는 해당 문제에 대한 연구가 별로 없는 초기 단계에 많이 실시된다. 많은 경우 후향적 연구를 통해 찾아낸 인과관계에 대한 설명은 전향적 연구를 통해 검증하게 된다.

전향적 연구는 인과관계에 대한 가설을 설정한 다음 그 가설을 검증하기 위해 체계적으로 자료를 수집하는 연구를 말한다. 연구가설을 설정한 다음 수행하는 실험 연구가 전향적 연구의 좋은 예다. 스트레스가 암의 원인인지에 대해 전향적 연구를 수행할 때에는 암에 걸리지 않은 건강한 참가자들을 모집해서 일정 기간 동안 스트레스 수준을 관찰하고, 정해진 시점마다 암 발생 정도를 검사해서 스트레스 수준과 암 발생 간에 관련이 있는지 조사할 수 있다. 이 경우 스트레스와 암 발생 간의 관계는 상관관계이기 때문에 이 둘이 인과관계라고 자신 있게 말할 수는 없다. 그러나 동물을 대상으로 한 집단에게는 스트레스를 주는 처치를 가하고 다른 집단에게는 그 처치를 가하지 않은 다음 일정 기간 후에 암 발생 정도를 측정하면 스트레스가 암 발생의 원인인지 보다 자신 있게 답할 수 있다.

2. 속성 추론

궁금한 게 있는데 답을 모르는 경우가 종종 있다. 예를 들어, 상어 지느러미가 몇 개인지 궁금한데, 그에 대해 들어 본 기억도 없고 상어 사진을 유심히 본 기억도 없고 인터넷도 사용할 수 없다. 이럴 경우 어떻게 해야 할까? 상어 지느러미 숫자에 대해 알려 줄 것 같다고 생각되는 정보를 이용해서 답을 추론해야 한다. 이 예에서처럼 어떤 대상의 특정 속성에 대해 판단해야 할 때 행하는 추론을 속성 추론 (property inference/induction)이라 한다.

사람들은 어떤 정보를 이용해서 속성 추론을 할까? 어떤 대상의 특정 속성에 대해 판단해야 하니 대상 간의 관계를 이용해서 추론할 수도 있고, 속성 간의 관계를 이용해서 추론할 수도 있다. 그러니까 고등어의 지느러미 수를 이용해서 상어의 지느러미 수를 추정할 수도 있고, 상어에서 지느러미의 용도를 생각해서 지느러미 수를 추정할 수도 있다. 속성 추론에 관한 연구들을 보면 내가 답해야 하는 속성인 목표 속성과 밀접하게 관련된 속성이 있느냐 없느냐에 따라 사람들이 속성 추론을 할 때 사용하는 정보와 참고하는 대상이 다른 것으로 보인다.

예를 들어 보자. 다른 도시로 이사한 아저씨에게 옷을 선물하려고

하는데 옷 크기를 모른다면 어떻게 할까? 키는 옷 크기와 밀접하게 관련이 있을 수 있기 때문에 아마도 아저씨의 키를 고려해서 옷 크기를 추정해 볼 것이다. 옷 크기 예처럼 내가 알고자 하는 속성과 밀접하게 관련된 속성이 있는 목표 속성을 비백지 속성(non-blank property)이라 한다. 이제 '제비는 척골이 있나?'라는 질문을 받았다고 생각해 보자. 척골이 무엇인지 모르기 때문에 속성 추론을 할 때 이용할 다른 속성이 잘 떠오르지 않는다. 목표 속성과 밀접하게 관련된 속성이 없는 이런 속성은 백지 속성(blank property)이라 한다(Osherson, Smith, Wilkie, Lopez, & Shafir, 1990). 이 경우 제비와 비슷한 참새가 척골이 있는지 안다면 도움이 될 수 있다. 이 두 예를 통해서는 비백지 속성에 대해 추론할 때는 속성 간의 관계가 중요한 정보가 되고, 백지 속성에 대해 추론할 때는 대상 간의 관계가 중요한 정보가 되는 것으로 보인다. 다음에서 백지 속성과 비백지 속성을 추론하는 방법에 대해 알아보기로 한다.

1) 백지 속성 추론

백지 속성에 대해 추론할 때는 목표 속성에 대해 아는 게 없으니 이 속성과 관련된 속성을 찾을 수 없다. 그래서 우리가 할 수 있는 방법은 대상 간의 관계를 이용하는 것이다. "제비는 척골이 있나?"라는 질문을 예로 생각해 보자. 누가 "참새는 척골이 있다."고 말해 준다면 우리는 제비는 참새와 비슷한 점이 많으니까 제비에게도 척골이 있을

가능성이 높을 것이라고 생각할 것이고, "참새는 척골이 없다."고 말
해 준다면 우리는 제비에게도 척골이 있을 가능성이 낮을 것으로 생
각할 것이다. 이 예에서 제비는 목표 속성이 있는지 알고자 하는 목표
대상이고 속성 추론을 하는 데 도움을 준 참새는 참조 대상이 된다.

　목표 대상과 참조 대상의 관계를 이용해서 백지 속성에 대해 추론
할 때 범주 정보가 중요한 역할을 한다. 범주의 특징 중의 하나는 위
계적으로 조직화되어 있다는 점이다. 그러니까 범주는 상위범주와
하위범주로 나눌 수 있는데, 상위범주가 가진 속성들을 그 범주의 하
위범주들이 갖는 경우가 많다. 그래서 속성 추론을 할 때 목표 대상의
상위범주가 목표 속성을 갖고 있는지 알아보는 것은 아주 유용한 방
법이 될 수 있다.

　범주의 또 다른 특징은 같은 상위범주에 속한 하위범주들이 상위
범주를 대표하는 정도가 다르다는 점이다. 아주 대표적인 하위범주
가 있는가 하면 별로 대표적이지 못한 하위범주가 있다. 범주를 대표
하는 정도를 전형성이라고 하는데, 새의 경우 제비나 참새는 전형적
인 새이지만 타조는 전형적인 새가 아니다. 그런데 전형성은 하위범
주가 상위범주가 갖는 속성을 가질 확률과 밀접하게 관련되어 있다.
전형적인 하위범주는 상위범주가 갖는 속성을 가질 확률이 높지만,
전형적이지 않은 하위범주는 그 확률이 낮다.

　그리고 범주 간에는 서로 유사한 정도가 다르다. 두 범주가 공유하
는 속성이 많으면 사람들은 두 범주가 유사하다고 생각한다. 참새와
제비는 공유하는 속성이 많아서 유사하지만, 참새와 타조는 공유하는

속성이 많지 않아서 별로 유사하지 않다. 사람들은 범주의 이런 특징을 이용해서 백지 속성 추론을 한다. 즉, 보다 전형적인 사례나 목표 대상과 유사한 사례가 해당 속성을 갖고 있다면 우리는 목표 대상이 목표 속성을 가지고 있을 가능성이 높다고 추론한다.

다음 예를 보자. '제비 혈액에 K라는 물질이 있는지'에 대해 답을 해야 해서 친구들에게 물어보았더니, 철수는 '참새 혈액에 K라는 물질이 있다'라고 얘기했고, 영호는 '타조 혈액에 K라는 물질이 있다'라고 얘기했다. 누구 말을 들었을 때 제비 혈액에 K라는 물질이 있을 것이라고 생각할까? 영호 얘기를 들을 때보다 철수 얘기를 들을 때 그렇게 생각할 것이다. 사람들은 참조 대상이 목표 대상과 유사하면 해당 속성의 값이 같을 것이라고 생각한다. 이를 유사성 효과라 한다.

목표 대상이 제비가 아니라 상위범주인 새라면 어떨까? '새 혈액에 K라는 물질이 있는지'에 대해 답을 해야 해서 친구들에게 물었더니 철수와 영호가 앞에서와 같은 답을 했다고 하자. 이 경우에도 영호 얘기를 들을 때보다 철수 얘기를 들으면 더 자신 있게 새 혈액에 K라는 물질이 있을 것이라고 판단할 것이다. 이는 참조 대상이 목표 대상에 대해 얼마나 전형적이냐가 속성 추론에 영향을 미친다는 것을 보여준다. 즉, 참조 대상이 목표 대상에서 전형적인 사례이면 사람들은 목표 대상의 해당 속성의 값이 참조 대상의 속성 값과 같을 것이라고 생각한다. 이를 전형성 효과라 한다.

그런데 사례들을 토대로 그 사례들의 상위범주의 속성 값을 추론할 때 전형성과 유사성으로 설명할 수 없는 일이 백지 속성 추론에서 발생한다. '새 혈액에 K라는 물질이 있는지'에 대해 답을 해야 해서 친구들에게 물었더니 호동이와 재민이가 다음과 같이 답을 했다고 하자.

> 호동: 제비와 참새 혈액에 K라는 물질이 있으니까 새 혈액에 K라는 물질이 있을 거야.
>
> 재민: 제비와 타조 혈액에 K라는 물질이 있으니까 새 혈액에 K라는 물질이 있을 거야.

호동이와 재민이 중 누구의 말이 더 설득력이 있을까? 하나의 사례를 가지고 상위범주의 속성을 추론할 때는 그 사례의 전형성이 영향을 미친다는 것을 앞에서 보았다. 그런데 호동이와 재민이 모두 제비를 언급했다. 그럼 참새와 타조 중 어느 새가 더 전형적인지를 따져 보자. 이 논리에 따르면 참새가 타조보다 전형적인 새이니까 호동이의 말이 더 설득력이 있어야 한다.

이 질문을 어린아이들에게 하면 대부분의 아이가 호동이의 말이 더 설득력이 있다고 답한다. 그런데 이 질문을 미국 대학생에게 하면 재민이의 말이 더 설득력이 있다고 대답한다. 왜 그럴까? 백지 속성 추론 연구에서 아주 중요한 오서슨 등(1990)의 연구에서는 호동이 말보다 재민이 말이 더 설득력이 있다는 결과를 다양성 효과(diversity effect)라 불렀다.

이 예를 가지고 설명해 보자. 제비, 참새 그리고 타조의 상위범주는 새가 된다. 이제 제비와 참새의 포함 정도, 그리고 제비와 타조의 포함 정도를 생각해 보자. 제비와 참새는 모두 몸집이 작고 노래를 부른다는 속성을 가지고 있어서 전형적인 새이기는 하지만 둘이 아주 유사하기 때문에 전체 새들 중에는 이 두 종류의 새와 비슷하지 않은 새들이 아주 많을 수 있다. 그래서 새 범주에서 제비와 참새가 포함하는 범위는 그리 넓지 않다. 그에 반해 제비와 타조는 서로 같은 속성이 별로 없고, 그러다 보니 이 두 종류의 새 중 적어도 하나와 비슷한 새들은 상당히 많을 것으로 예상할 수 있다. 즉, 새 범주에서 제비와 타조가 포함하는 범위는 제비와 참새가 포함하는 범위보다 상당히 넓을 수 있고, 그래서 더 설득력이 있을 수 있다.

그런데 상위범주에서의 포함 정도라는 개념은 직접 관찰할 수 있는 개념이 아니다. 속성 추론에서 다양성 효과를 보이려면 범주의 포함관계, 범주의 위계적 구조와 같은 범주의 특성을 알아야 한다. 전제들이 상위범주에서 차지하는 범위라는 개념을 알고, 그 정도를 계산하여 속성 추론을 할 때 이용할 수 있어야 하므로 인지적으로 상당히 성숙해야 한다. 그러다 보니 인지적으로 덜 성숙한 어린아이들은 다양성 효과를 보이지 못하는 경우가 많다.

오서슨 등(1990)은 앞서 서술한 유사성 효과와 전형성 효과, 그리고 다양성 효과를 설명하기 위해 유사성-포함 모형(similarity-coverage model)을 제안하였다. 이 모형에서는 유사성과 포함이라는 두 요인이 속성 추론에 영향을 미치는 것으로 제안하였다. 이 모형에서는 유사성 요인을 이용해서 참조 대상과 목표 대상이 유사하면 목표 대상이 목표 속성을 가질 가능성을 높게 판단한다는 유사성 효과를 설명

한다. 또 일반적으로 전형적인 사례가 덜 전형적인 사례보다 그 사례
가 속한 상위범주의 다른 사례들과 유사한 정도가 높기 때문에 전형
성 효과도 상당 부분 유사성 요인을 이용해서 설명할 수 있다. 그러나
참조 대상들이 바로 위의 상위범주에서 포함하는 범위가 넓으면 목표
대상이 목표 속성을 가질 가능성을 높게 판단하는 것을 가리키는 다
양성 효과는 유사성으로는 설명할 수 없다. 이 모형에서는 포함 요소
를 이용해서 다양성 효과를 설명하였다.

2) 비백지 속성 추론

이제 목표 속성과 밀접하게 관련된 속성이 있는 비백지 속성을 추
론하는 방법에 대해 알아보자. 앞에서 옷 크기를 추정할 때 키를 고려
하면 유용할 수 있다고 서술했듯이 비백지 속성에서는 주로 속성들의
관계나 속성과 대상의 관련성에 기초한 정보를 이용해서 속성 추론을
한다. 속성의 관계에 기초해서 비백지 속성을 추론할 때는 옷 크기 예
에서처럼 관련된 속성의 값을 알 수 있다면 문제는 해결된다.

그러나 속성과 대상의 관련성에 기초해서 추론할 때는 사정이 복
잡해진다. 백지 속성에 대해 추론할 때는 참조 대상이 목표 대상과 유
사하거나 전형적일 때 속성 추론 결과에 대해 더 확신한다는 연구 결
과를 서술했다. 비백지 속성에 대해 추론할 때도 그럴까? 다음 예를
생각해 보자. 누가 나에게 "포인터는 철사를 물어 끊을 수 있나?"를
물었는데, 답을 몰라서 민석과 승규에게 도움을 요청했다. 둘 다 그

질문의 답은 모른다면서 어디선가 들은 얘기라며 다음과 같은 정보를 주었다. 민석은 "도베르만이 철사를 물어 끊을 수 있대."라고 말했고, 승규는 "푸들이 철사를 물어 끊을 수 있대."라고 말했다.

크기, 얼굴 모양 등을 보면 포인터는 푸들보다는 도베르만과 좀 더 유사하다. 따라서 백지 속성에 대해 추론할 때와 같은 방식으로 추론한다면 푸들을 예로 든 승규의 말을 듣고 추론한 결과보다 도베르만을 예로 든 민석의 말을 듣고 추론한 결과에 대해 더 확신해야 한다. 그렇지만 여러분의 답은 다를 것으로 예상한다. 승규의 말을 들었을 때는 '푸들이 물어 끊을 수 있으니 포인터는 당연히 철사를 끊을 수 있어'라고 자신할 수 있다. 그러나 민석의 말을 듣고는 '도베르만이 포인터보다 힘이 세기 때문에 도베르만이 물어 끊을 수 있다는 것만으로는 포인터가 물어 끊을 수 있을지 없을지 판단하기 어렵다'고 생각할 가능성이 높을 것이다. 이 예는 비백지 속성에 대해 추론할 때에는 목표 속성과 관련된 속성에서 참조 대상과 목표 대상의 상대적 관계도 중요한 요인이 된다는 것을 보여 준다(Medin, Coley, Storms, & Hayes, 2003; Smith, Shafir, & Osherson, 1993).

속성 추론을 요약해 보자. 백지 속성에 대해 추론할 때는 대상 간의 유사성이나 전형성을 토대로 속성 추론을 하지만, 비백지 속성에 대해 추론할 때는 관련 속성과 표적 속성의 관계라는 틀 안에서 참조 대상과 목표 대상의 우열 등의 정보를 이용하여 속성 추론을 할 가능성이 많다. 여기에서 우리는 두 가지를 생각해 볼 수 있다. 하나는 비용과 효과라는 면에서 두 방식은 보완적인 관계일 수 있다는 것이다. 즉, 백지 속성에 대해 추론하는 것은 참조 대상과 목표 대상의 관계만을 고려하기 때문에 노력은 적게 들지만, 표적 속성에서도 그 관계가 유효한 것인지 알 수 없기 때문에 판단에 대한 확신은 낮을 수 있다. 반면에 비백지 속성에 대해 추론하는 것은 관련 속성과 표적 속성의 관계라는 틀 안에서 참조 대상과 목표 대상의 관계를 고려하기 때문에 노력은 많이 들지만, 판단에 대한 확신은 높을 것으로 보인다. 두 번째로 우리가 생각해 볼 수 있는 것은 그렇다면 이 두 방식 중에 어느 것이 더 기본적인 방식일까 하는 점이다. 비백지 속성에 대해 추론하는 방식이 기본 방식인데 백지 속성에 대해서는 관련 속성이 없어서 어쩔 수 없이 대상 간의 관계만 고려하는 것일 수도 있고, 백지 속성에 대해 추론하는 방식이 기본 방식이지만 정확성이 떨어지기 때문에 비백지 속성에 대해 추론할 때는 더 많은 정보를 고려하는 것일 수도 있다.

3. 가설 검증

우리는 예상하지 못한 일이 일어나거나 신기한 일이 발생하면 그 이유를 찾으려 한다. 때로는 그럴듯한 이유를 찾아내는 것만으로도 충분할 수 있지만, 그럴듯한 이유가 참인지 확인해야 직성이 풀리기도 한다. 여기에서 그럴듯한 이유는 가설인 셈이고, 그 이유가 참인지 확인하려는 것은 가설을 검증하는 셈이 된다. 이 절에서는 가설적 사고, 특히 가설 검증에 대해 알아본다.

가설적 사고에 대한 연구들을 살펴보기에 앞서 가설이란 무엇이고, 왜 사람들은 가설적 사고를 하는가에 대해 생각해 보자. 가설이란 어떤 사실이나 현상을 설명하기 위해 임시로 만든 설명이라고 할 수 있는데, 그렇기 때문에 가설이 제대로 된 설명인지 아닌지 확인해 보아야 한다. 즉, 가설적 사고는 가설 형성과 가설 검증의 두 부분으로 나누어 볼 수 있다. 앞에서 다룬 인과 추리와 속성 추론은 우리가 가설 형성 단계에서 실행하는 중요한 인지 과정 중의 하나일 수 있다.

가설적 사고라고 하면 우리는 실험실에서 수행하는 실험을 떠올린다. '인과 기제 정보가 인과 추리를 할 때 중요한 역할을 한다'라는 가설이 있다고 해 보자. 그럼 사람들은 인과 기제를 알려 주는 조건과 알려 주지 않는 조건에서 인과 추리 과제를 수행한 다음에 두 조건의 수행 정도를 비교해서 이 가설이 맞는지 틀린지 확인해 보려 한다. 인과 기제를 알려 주는 조건의 수행이 알려 주지 않는 조건의 수행보다 좋으면 인과 기제가 중요한 역할을 한다는 가설이 참일 가능성이 높다고 생각할 것이고, 반대로 두 조건의 수행 정도가 비슷하면 가설이 참이 아닐 가능성이 높다고 생각할 것이다.

가설적 사고는 실험실에서만 일어나는 사고가 아니다. 가설적 사고는 우리 주위에서 아주 쉽게 찾아볼 수 있다. 쉬운 예로, 주위 사람들이 볼 때는 사이가 좋아야 하는 두 사람이 서로 소 닭 보듯 한다면 도대체 우리가 모르는 어떤 일이 있었길래 두 사람이 그렇게 행동하는 것인지 궁금해지게 된다. 그래서 '이전에 한 사람이 다른 사람에게 아주 모욕적인 행동을 한 적이 있어서 그리된 것이 아닐까?'와 같은 나름대로 그럴듯해 보이는 이유를 찾아내려 한다.

그럼 사람들은 왜 가설적 사고를 하는 것일까? 앞에서 가설을 어떤 사실이나 현상을 설명하기 위해 임시로 만든 설명이라고 잠정적으로 정의를 내렸는데, 우리는 이 정의에서 사람들은 주위에서 일어나는 현상이나 사실을 이해하고자 하는 인지적 동기가 강하기 때문에 가설적 사고를 하는 것 같다는 생각을 할 수 있다. 현상이나 사실에 대해 이해하려고 하다 보면 그 현상이나 사실에 기저하는 인과 규칙이나 원리 등을 찾게 되기 쉬운데, 그러다 보니 많은 경우 가설은 변인들 간의 관계에 대한 서술의 형태를 띄게 된다. '인과 기제를 알면 인과 추리를 하기 용이해진다'라든가, '모욕적인 행동을 당해 본 사람은 그 사람에 대해 계속 경계한다'와 같은 형태를 띤다.

가설은 단지 현상이나 사실을 설명하거나 이해하는 데에서 그 용도가 끝나지 않는다. 가설 검증을 통해 그 가설이 나름대로 참일 가능성이 높다고 판단되면 이 가설을 토대로 앞으로 어떤 일이 일어날지 예측할 수도 있고, 앞으로 일어날지도 모를 불행한 사태를 예방하기 위해 어떤 조치를 취해야 할지 등을 결정할 수 있어서 가설적 사고는 생존에 아주 도움이 되는 사고가 될 수 있다.

실험실에서건 일상생활에서건 가설적 사고가 도움이 되려면 좋은 가설이 만들어지고 검증되어야 하는데, 어떤 가설이 좋은 가설일까? 가설의 중요한 용도 중의 하나가 현상을 이해하는 데 도움이 되어야 한다는 것이므로 좋은 가설이 되려면 일단 현상들을 충분히 설명할 수 있어야 한다. 그리고 가설이 참인지 아닌지 검증할 수 있어

야 한다. 그리고 현상을 설명하는 데서 끝나지 않고 결과를 예측할 수
있어야 좋은 가설이 된다. 마지막으로 특정 현상만을 설명하는 가설
이 아니라 포괄적인 가설이면 더 좋은 가설이라고 할 수 있다(Solso &
MacLin, 2002).

1) 확증 편향

지금부터는 사람들이 어떻게 가설적 사고를 수행하는지에 대해 알
아보자. 가설적 사고에 대해 수행된 연구 중에 가설 형성을 본격적으
로 다룬 연구는 많지 않다. 대부분의 연구는 가설 검증을 다루었는데,
그 연구들을 통해 가설 검증을 할 때 사람들이 보여 주는 행동 특성을
알 수 있었다. 참고로 이 절 첫머리에서 예상하지 못한 일이 일어나거
나 신기한 일이 발생하면 사람들이 가설을 찾는 것 같다고 했으니, 앞
에서 다룬 인과 추리나 속성 추론이 가설 형성에 대해 나름대로 유용
한 정보가 될 수 있다.

가설 검증에서 중요한 점은 가설을 지지하지 않는 반증 사례는 가
설이 참이 아니라는 것을 확실하게 알려 주지만, 가설을 지지하는 증
거인 확증 사례는 가설이 옳은 가설인지 아닌지 검증하지 못한다는
점이다. 가설은 어떤 사실이나 현상을 설명할 수 있는 많은 후보 설명
중의 하나일 뿐이다. 따라서 확증 사례는 그 가설이 참일 가능성을 보
여 주기는 하지만 참이라고 보장하지는 못한다. 그에 반해 가설을 지
지하지 않는 반증 사례는 그 가설이 옳다면 나올 수 없는 사례이기 때

문에 반증 사례가 참이면 그 가설은 틀린 가설이라는 점을 확실하게 보여 준다. 따라서 가설 검증에서는 반증(falsification)의 논리를 이해하는 것이 아주 중요하다.

가설 검증에 대한 연구에서 드러난 아주 중요한 사실은 사람들은 가설 검증을 할 때 확증 편향을 아주 강하게 보인다는 점이다. 확증 편향(confirmation bias)이란 자기가 검증하려는 가설을 지지하는 방향으로 편향되게 정보처리를 한다는 것을 가리킨다. 사람들은 정보를 탐색할 때는 가설을 지지하는 증거 위주로 정보를 탐색하고 가설을 지지하는 정보를 선호하는 경향성을 보인다. 또 정보를 해석할 때는 가설을 지지하는 방향으로 해석하는 경향성을 보인다.

사람들이 가설을 지지하는 방향으로 정보를 탐색한다는 것을 웨이슨(Wason, 1960)의 2-4-6 연구가 잘 보여 준다. 웨이슨은 사람들이 반증의 논리를 아는지 알아보기 위해 세 숫자를 배열하는 규칙을 알아내는 실험을 고안하였다. 이 실험의 절차는 다음과 같다. 먼저 참가자들에게 숫자 세 개를 배열하는 규칙을 알아내는 것이 참가자가 할 일인데, 2-4-6이 그 규칙에 맞게 배열한 예라고 알려 주면서 이 예를 토대로 숫자 배열 규칙을 찾아내는 것이라고 실험에 대해 설명해 주었다. 이어서 참가자가 자기가 생각하는 가설을 말하면서 세 숫자가 배열된 수열을 말하면 실험자가 그 수열이 규칙에 맞는지 아닌지를 알려 줄 것이라고 말해 주었다. 이런 절차를 몇 번 반복하다가 참가자가 배열 규칙을 알아냈다고 생각하면 실험자에게 그 규칙을 말하라고 알려 주었다. 그리고 참가자가 규칙을 말하면 실험자는 그 규칙이 맞는지 틀린지를 알려 줄 것이라고 설명해 주었다. 이렇게 실험을 진행하게 되면 실험자는 참가자들이 어떤 규칙을 생각하며 특정 수열을 만들었는지 판단할 수 있다.

실험자가 2-4-6이 규칙에 맞는 예라고 말하면 참가자는 '2만큼 증가하는 수열'과 같은 규칙을 생각할 수 있는데, 어떤 참가자가 이 규칙을 생각하면서 12-14-16을 예로 생성한다면 확증 사례를 생성해서 가설 검증을 시도한 것이 되는 셈이다. 반면에 이 규칙을 생각하면서 12-15-16을 예로 생성한다면 규칙을 지지하지 않는 반증 사례를 이용해서 가설을 검증하려 한 것이기 때문에 반증 논리를 알 뿐만 아니라 실행한 것으로 해석할 수 있다.

그럼 사람들이 어떤 예를 생성했는지 알아보자. 사람들이 생성한 예의 거의 대부분은 확증 사례였다. 그러다 보니 실험 결과는 우리가 예상하는 것보다 훨씬 저조했다. 사람들은 이 실험에서 규칙을 잘 찾아내지 못했다. 몇 개의 예를 생성했는지에 상관없이 나름대로 규칙을 알아냈다고 생각하면 규칙을 말하게 했는데, 첫 번째 시도에 성공한 사람은 단지 21%에 지나지 않았다. 두 번째 시도 이후에 성공한 사람이 51%이었고, 참가자의 28%는 규칙을 찾아내지 못했다. 재미있는 것은 몇 번째 시도에서 규칙을 찾아냈는지와 상관없이 규칙을 찾아낸 경우 대부분 반증 사례를 한 번은 시도했다는 점이다. 반증 사례를 경험해 보지 않으면 제대로 가설 검증을 하기 어렵다는 것을 알 수 있다.

참고로 이 문제에서 실험자가 생각한 규칙은 '첫 번째 숫자보다 두 번째 숫자가 크고, 두 번째 숫자보다 세 번째 숫자가 크다'는 아주 단순한 규칙이었다. 그런데 이 규칙은 사람들이 처음에 준 예 2-4-6을 보고 쉽게 생각해 내는 '2만큼 증가하는 수열'과 같은 규칙보다 훨씬 더 포괄적인 규칙이다. 실험자가 정해 놓은 규칙이 사람들이 쉽게 생각하는 규칙보다 포괄적인 규칙이었다는 점도 이 실험에서 규칙을 찾아낸 사람의 비율이 예상보다 낮은 이유 중의 하나일 수 있다.

이 실험에서 관찰한 또 다른 결과는 자기 가설이 틀렸다는 말을 듣고 가설을 수정할 경우에 이전 가설에서 크게 벗어나지 못하는 수준에서 수정하는 행동 경향을 보였다는 것이다. 예를 들어, 처음에 '같은 수만큼 증가하는 수열'이라는 가설을 세웠던 경우 '두 번째 숫자가 첫 번째 숫자와 세 번째 숫자의 평균'처럼 표현만 달리하는 수정을 시도하는 경우가 많았다.

2-4-6 문제를 사용한 가설 검증 연구는 이 문제가 현실성이 있는 문제가 아니라서 사람들이 확증 편향을 보여 준 것은 아닐까라는 의심을 갖게 한다. 현실성이 있는 문제인 경우에도 가설을 지지하는 정보를 선호한다는 것을 마이낫, 도어티와 트웨니(Mynatt, Doherty, & Tweney, 1977)의 연구가 잘 보여 준다. 이들은 간단한 비디오 게임을 이용해서 사람들이 가설을 검증하기 위해 정보를 탐색할 때 어떤 정보를 선호하는지 알아보았다. 이들이 사용한 게임은 화면에 형태(원, 삼각형 등)와 밝기가 다른 여러 개의 물체가 있는데, 참가자가 화면 왼쪽 위에 있는 + 지점에서 레이저를 쏘면 레이저를 맞은 대상이 사라지는 게임이었다. 그런데 특정 물체 주위에 눈에 보이지 않는 보호막이 있어서 그 보호막 안에 있는 물체들은 레이저를 쏘아도 사라지지

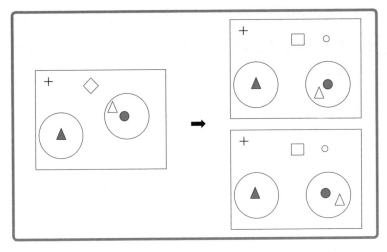

[그림 3-1] 마이낫 등(1977)이 사용한 화면의 예

않는다. 이 게임을 한 번 하고 나서 어떤 물체에 보호막이 쳐진 것 같은지 가설을 적게 하고, 두 개의 화면을 보여 주면서 어느 화면을 이용해서 가설을 검증할지 선택하게 하였다.

이 실험의 묘미는 틀린 가설을 만들도록 유도한 화면을 첫 게임으로 사용했다는 점이다. 예를 들어, 사실은 흐린 도형 주위에 보호막이 쳐지는 것인데, 삼각형 주위에 보호막이 쳐지는 것으로 생각할 수 있는 화면을 보여 주었다. 그리고 흐린 원이 밝은 삼각형 바로 앞에 위치하는 화면과 밝은 삼각형이 흐린 원 바로 앞에 위치하는 화면을 주고 이 두 화면 중 어느 화면을 이용해서 가설을 검증할지 선택하게 하였다. 그러니까 처음 선택지로는 틀린 가설을 지지하는 화면을 주고, 두 번째 선택지로는 옳은 가설을 지지하는 화면을 준 다음 가설을 검증하려면 어느 화면을 가지고 게임을 할지 선택하게 했다. 이 실험에

서는 참가자의 1/3에게는 가설을 반증하라는 지시를 주었고, 또 다른
1/3에게는 가설을 확증하라는 지시를 주었고, 나머지 1/3에게는 가설
을 검증하라는 지시를 주었다. 그런데 어떤 지시를 받았느냐에 상관
없이 세 조건 모두에서 각기 70% 이상의 참가자들이 자기들이 세운
가설을 지지하는 화면을 선택했다.

확증 편향은 가설을 검증하기 위해 정보를 탐색할 때뿐만 아니
라 정보를 해석할 때에도 작동한다. 로드, 로스와 레퍼(Lord, Ross, &
Lepper, 1979)는 정보를 해석할 때에도 확증 편향이 작동한다는 것을
처음으로 보고하였다. 이들은 사전 조사를 통해서 사형제 폐지에 대
해 찬성하는지 반대하는지를 알아 두었다. 그리고 사형제 폐지에 대
한 글을 읽게 하였다. 그리고 글을 읽고 난 다음 그 글이 사형제 폐지
를 찬성하는 글인지 반대하는 글인지 평가하게 하였다. 놀랍게도 같
은 글을 읽었는데도 사형제 폐지에 대한 기존 생각에 따라 평가가 달
랐다. 사형제 폐지에 반대하는 사람들은 그 글이 사형제 폐지에 반대
하는 내용이라고 평가한 반면, 사형제 폐지에 찬성하는 사람들은 그
글이 사형제 폐지에 찬성하는 내용이라고 평가하였다.

사람들이 확증 편향을 보인다는 것은 실험을 통해서 반복적으로
보고되었는데, 실제 상황에서도 그럴까? 다음에 서술한 내용을 읽어
보면 알겠지만, 전문가든 일반인이든 확증은 쉽게 받아들이지만 반증
은 잘 수용하려 하지 않는 경향을 보였다.

먼저 전문가의 예를 알아보자. 후겔상, 스타인, 그린과 던바
(Fugelsang, Stein, Green, & Dunbar, 2004)는 1년 동안 미국의 한 대학

교에 있는 네 개의 생물학과 실험실에서 매주 하는 랩미팅에 참가해
서 랩미팅에서 일어난 일들을 기록해서 분석했다. 실험을 했는데 예
상과 다른 결과가 나오면 이론이 지지되지 않은 것으로 해석해야 된
다는 것이 가설 검증의 기본 논리지만, 전문적인 훈련을 받은 과학
자들조차 그와는 다르게 행동했다. 1년 동안 165개의 실험이 실시돼
서 417개 결과가 보고되었는데, 이 중 223개가 예상과 다른 결과였
다. 가설 검증의 기본 논리에 따르면 결과가 예상을 지지하지 못하면
가설을 수정해야 하는데, 그중 1/3 정도에서만 가설을 수정했고 나머
지 2/3 정도에서는 실험 절차 등을 실험이 실패한 이유라고 생각해서
실험 절차 등을 수정해서 재실험을 하였다. 그러니까 전문적인 훈련
을 받은 사람들도 확증은 쉽게 받아들이지만 반증은 잘 수용하려 하
지 않는다는 것을 보여 주었다. 재실험에서도 절반 이상의 결과가 예
상과 달랐는데, 첫 번째 실험 실패 때와는 달리 그중 반 이상이 이론을
수정하는 시도를 하였다. 이것은 과학자들이 반복해서 반증을 경험
하게 되면 가설을 고집할 근거가 없어진다고 생각하는 경향이 있음을
보여 준 것으로 해석할 수 있다.

후겔상 등(2004)은 자기들이 관찰한 결과가 일반인들에서도 나타
나는지 알아보기 위해 인과 추리 실험을 실시하였다. 인과 기제와 Δp
정보를 주고 약물이 효과가 있는지 판단하게 하는 실험을 실시하였
다. 인과 기제가 그럴듯한 경우에는 Δp가 크면 약물이 더 효과가 있
다는 판단을 하였지만, 인과 기제가 그럴듯하지 않을 경우에는 Δp가
커도 약물이 효과가 있다는 판단을 별로 하지 않았다. 인과 기제가

Δp보다 더 큰 영향을 미쳤다. 이 실험에서는 인과 기제와 Δp 정보 외에 표본의 크기를 여러 수준으로 해서 그런 결과가 몇 번이나 반복해서 관찰되었는지에 대한 정보도 제공하였다. 표본의 크기가 작을 때에는 인과 기제만 영향을 미쳤지만, 표본이 아주 큰 경우에는 인과 기제가 그럴싸하지 않을 경우에도 Δp가 크면 약물이 효과가 있다는 판단을 하였다. 이 결과는 과학자들과 마찬가지로 일반인들도 확증은 쉽게 하지만 반증은 수용하려 하지 않는 경향이 있다는 것과, 반증이 반복되면 반증을 수용한다는 것을 보여 준다.

2) 과잉 확신

정보를 객관적으로 검색하지 않고 또 객관적으로 해석하지 않는다는 점에서 확증 편향은 그 자체로도 문제지만 확증 편향 때문에 자기의 결정이나 판단의 정확도를 실제보다 높게 추정하게 할 수 있다는 점에서도 문제가 될 수 있다. 자기의 결정이나 판단의 정확도를 실제보다 높게 판단하는 것을 과잉 확신(overconfidence)이라 하는데 (Fischoff, Slovic, & Lichtenstein, 1977), 확증 편향적인 행동을 하게 되면 자기 생각을 지지하는 증거 위주로 정보를 수집하고 또 증거를 자기 생각을 지지하는 것으로 해석하기 때문에 과잉 확신을 보일 가능성이 아주 높을 수 있다.

과잉 확신 현상은 아주 보편적으로 관찰된다(Plous, 1993). 심지어 오래 훈련을 받거나 경험을 쌓은 전문가들도 과잉 확신을 보인다는 것을 많은 연구에서 보고하였다. 인사 담당자들도 과잉 확신을 보여 주는데, 이들의 상황을 한번 생각해 보자. 자기가 면접에서 선발한 사람은 그 후에도 볼 수 있기 때문에 자기 판단이 옳았는지 틀렸는지 조금은 알 수 있다. 그러나 자기가 면접에서 떨어뜨린 사람은 그 이후에 다시 볼 가능성이 별로 없기 때문에 자기 판단이 틀린 경우에도 이를 경험할 수가 없다. 그러다 보니 자기의 판단에 대해 과잉 확신을 할 가능성이 많다. 인사 담당자 사례는 피드백이 과잉 확신을 줄이는 중요한 요인일 수 있다는 것을 보여 주는데, 놀랍게도 기상 예보를 하는 사람들은 과잉 확신을 적게 보였다(Murphy & Winkler, 1984). 이는 자기가 내린 기상 예보가 맞았는지 틀렸는지 수시로 피드백을 받게 되어 과잉 확신이 줄어든 것으로 보인다.

자기 판단이 틀렸다는 피드백을 받는 것이 과잉 확신을 줄이는 데 도움이 될 것이라는 해석이 맞다면, 우리는 사람들로 하여금 자기 판단이 틀렸다는 것을 경험하게 하면 과잉 확신을 적게 할 것으로 예상할 수 있다. 그런데 사람들은 아주 강한 확증 편향을 갖고 있어서 자기 생각이 틀렸다는 것을 경험하게 할 수 있는 방법을 찾는 것이 쉽지 않다. 다행스럽게도 코리앗, 릭턴스타인과 피쇼프(Koriat, Lichtenstein, & Fischhoff, 1980)의 연구와 트웨니 등(Tweney et al., 1980)의 연구에서 우리는 시사점을 얻을 수 있다. 코리앗과 동료들은 ① 자기의 생각을 지지하는 이유와 반대하는 이유, 그리고 각각의 이유의 설득력 정도를 적게 하는 조건과 ② 자기의 생각과 반대편 생각 각각에 대해 지지하는 이유와 반대하는 이유, 그리고 각 이유의 설득력 정도를 적게 하는 조건, 그리고 ③ 통제 조건의 세 조건을 실시해서 과잉 확신을 보이는 정도를 비교했다. 자기 생각에 반대하는 이유를 적게 했으니 첫째 조건과 둘째 조건은 차이가 없을 것으로 예상할 수 있으나, 두 번째 조건에서는 상대편 생각의 지지 이유와 반대 이유도 적게 했다. 놀랍게도 두 번째 조건만 통제 조건에 비해 과잉 확신을 적게 보였다. 얼핏 보면 반대하는 이유를 적는 것은 확증 편향에 반대되는 행동이어서 과잉 확신을 줄여야 할 것으로 생각되지만 워낙 확증 편향이 강하다 보니 반대 이유를 잘 생각하지 못한다. 그에 반해 반대편 주장을 지지하는 이유를 적는 것은 확증 편향적인 행동이어서 반대 입장을 지지하는 증거를 찾다 보면 의도하지 않았지만 자기 생각의 틀린 부분을 경험하게 되어 과잉 확신이 줄어든 것으로 볼 수 있다.

트웨니 등(1980)의 연구도 코리앗 등(1980)의 연구와 같은 점을 시사한다. 트웨니 등(1980)은 2-4-6문제를 이용했는데, 웨이슨(1960)의 연구와는 달리 DAX와 MED라는 두 규칙이 있다고 알려 주고 나서 참가자가 사례를 말하면 그 사례가 DAX 사례인지 MED 사례인지로 답해 주었다. 이런 방법을 대립규칙법이라고도 하는데, 놀랍게도 웨이슨(1960)의 연구에서는 참가자의 21%가 첫 번째 시도에서 규칙을 찾아냈는 데 반해, 트웨니 등(1980)의 연구에서는 참가자의 60%가 첫 번째 시도에서 규칙을 찾아냈다. 만약에 2-4-6을 보고 '2씩 증가하는 수열'이라는 규칙을 생각했다면 트웨니 등(1980)의 연구에서는 그것이 DAX 규칙이 되는 것이고, '2씩 증가하는 수열'이 아닌 숫자 배열이 MED 규칙이 되는 셈이다. 이제 확증 편향을 적용해 보자. DAX 규칙에 확증 편향을 적용하면 12-14-16을 만들 수 있고, MED 규칙에 확증 편향을 적용하면 12-15-16을 만들 수 있다. 그런데 MED 규칙을 지지하는 예라고 생각한 참가자가 말한 12-15-16에 대해 실험자가 MED라고 답하지 않고 DAX라고 답하였다. 즉, 참가자는 반증을 의도하지 않았는데도 자기의 생각이 틀렸다는 피드백을 받게 되어 자기의 생각을 수정해야 하는 상황을 만나게 된 셈이다. 이 결과는 서로 양립할 수 없는 대립규칙을 검증하게 하면 설령 각각의 규칙을 검증할 때 확증 편향이 작동되어도 반증 사고를 한 것과 같은 결과를 얻게 된다는 것을 보여 준다.

3) 가설적 사고 원리

가설적 사고는 인지적 노력이 많이 든다. 그러다 보니 가능한 가설들을 모두 고려한다는 것은 이상으로 그치기 쉽다. 영국의 심리학자 에반스(Evans, 2007)는 사람들이 실제 행하는 가설적 사고의 원리로 단수 원리, 관련성 원리, 그리고 최소만족 원리의 세 가지 원리를 제안하였다. 단수 원리(singularity principle)는 한 번에 하나의 가설만 고려한다는 원리다. 작업기억 용량이 제한되어 있기 때문에 한 순간에는 하나의 가설만 고려하게 되기 쉽다. 앞에서 확증 편향에서 비롯되는 과잉 확신을 줄이는 방법으로 대립가설을 동시에 검증하게 하는 대립규칙법을 다루었는데, 에반스는 이 방법이 효과를 보일 수 있는 이유의 근거로 단수 원리를 들고 있다. 보통은 하나의 가설만 생각하는데, 대립규칙법을 사용하게 되면 어쩔 수 없이 단수 원리 경향에서 벗어나 두 개의 대립적인 가설을 생각하게 되어 반증을 경험하게 된다는 것이다.

　관련성 원리(relevance principle)는 현재 상황에서 가장 관련성이 있다고 생각하는 가설을 고려한다는 원리다. 여기서 관련성이 높다는 것을 어떻게 판단하느냐는 문제가 생기는데, 스퍼버와 윌슨(Sperber & Wilson, 1986)의 연구가 큰 도움이 된다. 이들은 관련성을 효과와 노력의 두 차원으로 정의하였다. 이들은 어떤 정보를 사용하지 않았을 때와 그 정보를 사용했을 때 다르게 판단할 가능성이 크면 그 정보는 효과 차원에서 관련성이 높은 정보라고 본다. 또 그 정보를 사용하기 위한 노력이 적게 들수록 그 정보는 노력 차원에서 관련성이 높은 정보라고 본다. 속성 추론에 대해 논의할 때 백지 속성에 대해 추론할 때와 비백지 속성에 대해 추론할 때 사용하는 정보가 다르다는 것을 보았는데, 이것은 속성의 종류에 따라 관련성이 높은 정보가 다르기 때문에 다른 정보를 사용하는 것이라는 말로 요약할 수도 있다. 실제 메딘 등(Medin et al., 2003)은 이렇게 주장하기도 하였다. 관련성 판단은 정보를 처리하는 사람의 지식과 목표에 의해 결정되는데, 많은 경우 우리가 자각하지 못하면서 관련성 판단이 일어난다고 간주한다.

　마지막 원리인 최소만족 원리(satisficing principle)는 이 정도면 충분하다고 생각되는 가설이 있으면 더 이상 다른 가설을 고려하지 않는다는 원리다. 최소만족이란 용어는 사이먼(Simon, 1957)이 사람들이 의사결정을 할 때 사용하는 어림법(heuristic)을 서술하기 위해 만든 신조어인데 이후 많은 연구자가 사용하는 용어가 되었다. satisfice

는 영어 단어 satisfy와 suffice를 조합한 신조어인데, '이 정도면 충분하다'는 의미라고 보면 무방하다. 앞서 말한 관련성 판단이 대부분 우리가 자각하지 못하면서 일어나는 과정이라고 한다면, 최소만족 원리는 상대적으로 우리가 의식적으로 가설을 형성하고 검증하는 과정을 서술하는 데 적합한 원리라고도 볼 수 있다.

4. 논증

연역 추리와 귀납 추리는 그 자체로도 연구할 가치가 충분하지만 일상생활에서 사람들이 자기의 주장을 설득할 때에도 많이 사용된다. 이 절에서는 여러 개의 전제와 결론을 제시하는 행위인 논증(argument)에 대해 알아보겠다.

'모든 금속은 열을 받으면 팽창하니까 구리도 열을 받으면 팽창한다'라는 진술문처럼 자기의 주장이나 제안을 정당화하기 위한 근거를 곁들여 주장이나 제안을 진술하는 것을 논증이라 한다. 이 정의를 들으면 논증은 일상생활과 별 관련이 없는 것처럼 보이기 쉽지만, 논증은 우리 일상에 깊숙이 들어와 있다. 선생님이 학생에게 "넌 과제를 제출하지 않았으니까 벌로 청소를 해야 해."라고 말할 경우 '청소를 해야 한다'는 것이 선생님이 주장하는 바이고, 그렇게 주장하는 이유는 '과제를 제출하지 않았기 때문'이라는 것이다.

다른 사람을 설득하거나 다른 사람에게 설득을 당하는 일이 많은

데, 설득도 논증의 흔한 예다. 월초에 용돈을 받았는데 다 써서 엄마에게 용돈을 조금만 더 달라고 해야 하는 상황에 처했다고 해 보자. 그냥 "용돈 좀 더 주세요."라고 말해서는 목적을 달성하기 어려울 것이기에 그럴듯한 이유를 만들어서 엄마를 설득하려고 머리를 쥐어짤 것이다. '예상하지 못했던 과제가 주어져서 준비물을 사야 하는데 준비물을 살 돈이 없다'와 같이 용돈을 더 줘야 할 이유가 그럴듯하면 못 이기는 체하며 더 주시겠지만, 새로 개봉하는 영화를 보고 싶다는 등의 이유를 대면 용돈은커녕 혼만 나기 십상이다. 이런 예에서 볼 수 있듯이 사람들은 이유가 합당한지를 따져 보고 주장을 받아들일지 말지 결정하는 것처럼 보인다.

설득 내용을 들여다보면 주장하는 바와 그렇게 주장하는 근거가 있는데, 이것을 추리에서 사용하는 용어로 바꾸어 보면 주장하는 바가 결론이고 그 근거로 주어지는 정보가 전제다. 즉, 논증에서 핵심적인 요소는 결론과 전제의 두 요소다. 참고로 결론만 있고 결론의 근거가 되는 전제가 없다면 그것은 논증이 아니라 의견일 뿐이다. 예를 들어, '조용필은 위대한 가수다.'라고 하면 그건 의견이다. 그러나 '많은 사람이 좋아하는 노래를 부른 가수는 위대한 가수인데, 나이와 성별을 불문하고 많은 사람이 조용필의 노래를 좋아한다. 따라서 조용필은 위대한 가수다.'라는 진술문에는 위대한 가수라는 결론의 근거가 같이 제시되었으니까 이 진술문은 논증이다. 논증에는 전제와 결론 외에 가정, 한정구, 반론 등의 요소가 있는데(Halpern, 2015; Toulmin, 1958), 이 부분은 논증의 마지막 부분에서 다루겠다.

설득이 통하느냐는 것은 전제와 결론으로 구성된 추리가 좋은 추리냐는 문제로 귀결될 수 있다. 그런데 추리에는 연역 추리와 귀납 추리의 두 유형이 있는데, 연역 추리에서는 타당한 결론인지가, 그리고 귀납 추리에서는 결론이 참일 가능성이 높은지, 즉 강한 추리인지가 관건이다. 이런 점을 고려하였을 때, 좋은 논증이 되려면 연역적으로 타당한 추리거나 귀납적으로 강한 추리여야 한다고 볼 수 있다. 그러나 논증이 수용되려면 연역적으로 타당한 추리나 귀납적으로 강한 추리를 넘어서서 또 하나의 조건을 충족시켜 줘야 한다. 그것은 전제들이 사실이어야 한다는 점이다. 연역 논증과 귀납 논증별로 알아보자.

1) 연역 논증과 귀납 논증

먼저, 연역 추리에 기반하는 연역 논증에 대해 알아보자. 연역 추리에서는 전제와 결론으로 주어진 내용이 아니라 전제와 결론의 형식적인 관계가 중요하다. 따라서 연역 논증이 좋은 논증이 되려면 일단 타당한 연역 추리여야 한다. 다음 두 개의 예를 생각해 보자.

> '모든 사람은 날개가 있다. 나는 사람이다. 따라서 나는 날개가 있다.'
> '모든 사람은 심장이 있다. 나는 사람이다. 따라서 나는 심장이 있다.'

두 논증의 형식만 보면 '모든 A는 B이다. 모든 C는 A이다. 따라서 모든 C는 B이다'의 형식이기 때문에 둘 다 타당한 추리다. 그러나 두 논증은 첫 번째 전제가 사실이냐는 점만 다르다. 사람들은 첫 번째 논증은 전혀 받아들이지 않지만, 두 번째 논증은 쉽게 받아들인다. 이는 논증에서는 형식뿐만 아니라 내용도 중요하다는 것을 보여 준다.

연역 논증일 경우에는 형식적으로 타당한 연역 추리면서 전제로 주어지는 내용이 사실이어야 사람들이 결론을 쉽게 받아들인다. 타당한 추리면서 전제가 사실인 논증은 건전한(혹은 합당한, sound) 논증이라고 한다. 그러나 타당한 추리가 아니거나, 타당한 추리지만 전제가 사실이 아닌 논증은 건전한 논증이 되지 못한다.

이제 귀납 추리에 기반한 논증에 대해 생각해 보자. 귀납 추리에서는 전제들이 다 참이어도 결론이 참이라는 것을 보장하지는 못한다. 참일 가능성이 높은 귀납 추리는 강한 추리라 하고, 참일 가능성이 낮은 추리를 약한 추리라 한다. 이제 다음에 제시한 세 개의 예를 생각해 보자.

1. 연구 결과를 보면 독감 예방주사를 맞은 사람의 80% 이상이 독감에 걸리지 않았다고 한다.
   할머니가 독감 예방주사를 맞으셨다.
   따라서 할머니는 독감에 걸리시지 않을 것이다.

2. 연구 결과를 보면 식이요법으로만 다이어트한 사람의 33%가 체중 감량에 성공했다고 한다.
   나는 식이요법으로만 다이어트를 할 것이다.
   따라서 나는 다이어트에 성공할 것이다.

3. 연구 결과를 보면 식이요법으로만 다이어트한 사람의 80%가 체중 감량에 성공했다고 한다.
   나는 식이요법으로만 다이어트를 할 것이다.
   따라서 나는 다이어트에 성공할 것이다.

사람들은 1번 논증의 결론은 잘 받아들이지만 2, 3번 논증의 결론
은 잘 받아들이지 않는다. 먼저 1번 논증과 2번 논증을 비교해 보자.
두 논증의 첫 번째 전제는 일반 사람들의 상식에 비추어 보면 사실
일 가능성이 있다고 보인다. 그런데 첫 번째 전제에서 확률이 각 80%
와 33%로 다르다. 즉, 전제가 참일 확률이 논증을 수용하는 데 영향
을 주는 것을 알 수 있다. 이제 1번 논증과 3번 논증을 비교해 보자.
두 논증의 첫 번째 전제의 확률은 같다. 그러나 일반 사람들의 상식에
비추어 볼 때 두 논증의 첫 번째 전제가 사실일 가능성이 다르다. 1번
논증의 첫 번째 전제는 사실일 가능성이 높아 보인다. 그러나 3번 논
증의 첫 번째 전제는 사실이라고 보기 어렵다.

이는 귀납 논증일 경우에는 전제가 참일 확률이 높아야 할 뿐만 아니
라 전제가 사실이어야 논증을 수용하기가 쉽다는 것을 보여 준다. 즉,
강한 추리면서 전제가 사실인 논증은 설득력 있는(cogent) 논증이지만,
강한 추리가 아니거나 강한 추리지만 전제가 사실이 아닌 논증은 설득
력 있는 논증이 되지 못한다. 이것을 표로 정리하면 다음과 같다.

〈표 3-2〉 연역 논증과 귀납 논증 분류표

연역 논증 온전(sound)		형식(타당 vaild)	
		타당	타당 X
전제 내용	사실	온전	X
	거짓	X	X

귀납 논증 설득력(cogent)		강도(strength)	
		강함	약함
전제 내용	사실	설득력	X
	거짓	X	X

2) 논증 분석

전제의 형식뿐만 아니라 전제의 내용도 사실이어야 그 논증이 잘 수용된다는 것은 사람들이 최소한 암묵적으로라도 논증을 분석한다는 것을 의미한다. 그럼 어떤 요인들이 논증이 수용 가능한 정도, 즉 논증 강도에 영향을 미치는지에 대해 알아보자.

앞에서 연역 논증이건 귀납 논증이건 우리가 어떤 논증을 수용할 것인가는 전제가 결론을 얼마나 잘 지지해 주는가에 달려 있다고 서술했는데, 논증 강도는 전제가 수용 가능한지, 전제가 결론을 강하게 지지하는지, 그리고 한정구나 반론이 있는지의 세 가지 중요한 요인에 달려 있다(Halpern, 2015). 이런 분석을 하려면 논증의 전제와 결론에 해당하는 부분을 찾아낸 다음 전제의 수용 가능 여부와 전제가 결론을 지지하는 정도를 계산해야 한다.

(1) 전제와 결론 찾기

일단 전제와 결론을 찾아내야 하는데 무엇을 단서로 전제인지 결론인지를 찾아낼 수 있을까? 많은 경우 어느 것이 전제고 어느 것이 결론인지 파악하는 것을 도와주는 표현들을 사용한다. 전제임을 알려 주는 표현으로는 '왜냐하면' '그 이유는' '… 때문에' '…인 이유로' '…이므로' '…라는 점을 고려하면'과 같은 것이 있다. 그리고 결론임을 알려 주는 표현으로는 '따라서' '그러니까' '그래서' '그러므로' '…라고 결론지을 수 있다' '…가 도출된다' '…를 함의한다' 등이 있다.

그런데 일상생활에서는 논증의 결론과 전제가 명시적으로 진술되지 않아 추론이 필요한 경우도 많다. 설득이 논증의 예라고 앞서 말했는데, 설득의 일종인 광고에서는 결론을 생략하거나 전제를 생략하는 경우가 많다. 광고에서 많이 사용하는 문구 중의 하나가 '자기네 제품이 가장 많이 팔린다'는 문구다. 얼핏 보면 사실을 기술한 것처럼 보인다. 그런데 사람들은 이 문구가 자기네 제품을 사라는 주장이라는 것을 금방 알아챈다. 그러니까 이 광고의 결론은 자기네 제품을 사라는 것인데 전제도 결론도 명시적으로 서술되어 있지 않다. 결론이야 그렇다 치고 밑에 깔린 전제는 무엇일까? 이 광고를 읽는 사람들의 생각을 한번 상상해 보면 다음과 같을 것이다. '사람들이 그 제품을 왜 많이 살까? 사람들은 좋은 제품을 사고 싶어 해. 그런데 그 제품을 많이 산대. 그건 그 제품이 좋은 제품이라는 뜻일 거야. 그렇다면 나도 그 제품을 사야겠네.' 이 광고 문구에는 전제와 결론 중 어느 하나도 명시적으로 진술되어 있지 않지만 사람들이 이와 같은 생각을 하게 만들어서 소기의 목적을 달성한다.

그럼 광고에서는 왜 종종 전제나 결론을 생략할까? 여러 가지 이유가 있을 수 있다. 하나는 광고에서 '우리 제품을 사세요'라고 결론을 명시적으로 표현하면 광고를 읽는 사람들이 자기가 결정한 것이 아니라 다른 사람의 결정을 자기가 따르는 것처럼 느낄 수 있어서 오히려 반감을 불러일으킬 수 있다. 또 다른 이유는 전제나 결론을 찾아내기 위해 약간의 노력을 해야 하는 광고나 글이 결론을 명시적으로 제공한 글보다 더 잘 기억되기 때문이다. 사람들은 글을 읽을 때 모든 정보가 다 제공되는 글보다 글을 이해하기 위해 약간의 노력이 필요한 글을 더 잘 기억한다(Myers, Shinzo, & Duffy, 1987). 여기서 한 가지 조심할 것은 약간의 노력이 필요하다는 부분이다. 사람들은 글이나 광고를 이해하기 위해서 많은 노력을 들이려고 하지는 않는다. '우리 제품이 제일 많이 팔립니다' 같은 문안처럼 결론이 쉽게 도출되는 정도라야 명시적으로 표현하는 것보다 효과가 있다.

다음 단계로 넘어가기 전에 하나만 생각해 보자. 전제와 결론 중 어느 것을 먼저 찾아야 할까? 하나의 논증에 전제는 여러 개가 있을 수도 있고, 또 전제가 결론을 지지해 주는가를 판단해야 하기 때문에 결론이 무엇인지부터 찾아내는 것이 유리하다. 결론을 찾아내면 이어서 관련된 전제를 찾아내는데, 전제가 생략되었을 경우에는 앞에서 서술한 것처럼 추론을 통해 생략된 전제를 채워 넣어야 한다.

(2) 전제 수용 가능성

이제 전제와 결론을 찾아냈으니 다음 단계로 넘어가자. 앞에서 논증 강도는 전제가 수용 가능한지, 전제가 결론을 강하게 지지하는지, 그리고 한정구나 반론이 있는지의 세 가지 요인에 달려 있다고 했으니 전제가 수용 가능한지의 문제부터 알아보자. 앞에서 논리적으로 타당하면서 전제들이 사실이어야 온전한(합당한) 연역 논증이라고 했는데, 논증이 쉽게 수용되려면 전제가 사실이거나 사실이라고 믿을 만한 충분한 근거가 있어야 한다.

전제로 주어지는 정보가 믿을 만한 것인지는 정보의 내용을 가지

고 판단하는 것이 가장 적절하다. 그러니까 전제로 주어진 정보가 전
문가의 진술이거나, 자신의 경험이나 상식에 비추어 보았을 때 사실
이거나 문제되는 점이 없다고 판단되면 그 정보는 사실일 가능성이
높다.

그런데 전문가의 진술은 다 믿을 수 있을까? 우리는 정보를 제공한
사람이 믿을 만한지를 가지고 정보의 신뢰성 판단을 대신한다. 정보
를 제공한 사람이 해당 분야의 전문가인지, 그 문제에 대해 직접적인
지식을 가지고 있는지 등을 알아보는 방법이 정보원의 신뢰성을 판단
할 때 일상적으로 사용할 수 있는 방법이다. 이때 우리가 간과하기 쉬
운 두 가지 측면이 있다. 하나는 정보를 제공하는 사람이 이 문제와
직접적인 이해관계가 있느냐의 문제다. 이해관계가 있을 경우에는
그 사람이 전문가라 할지라도 자기의 이해 때문에 객관적인 판단을
하지 못할 수 있다. 관련 단체나 업체로부터 용역을 받아 연구를 수행
한 경우나 사례를 받는 경우 객관적인 정보가 아닐 가능성이 있다. 다
른 문제는 우리가 정보를 구하는 문제의 성격과 관련된 문제다. 우리
가 찾는 정보가 객관적인 사실에 대한 것이라면 그 분야의 전문가의
의견이 중요하다. 그러나 우리가 찾는 정보가 안락사 허용과 같이 가
치와 관련된 문제일 경우에는 전문가의 의견이라 해도 수용할 것인지
를 결정할 때 신중해야 한다(Halpern, 2015).

정보의 신뢰도와 관련해서 최근에 주목을 받고 있는 것이 인터넷
에서 검색한 정보의 신뢰도 문제다. 앞서 말한 정보 자체의 신뢰도와
정보 제공자의 신뢰도를 판단하는 것이 인터넷에서는 더 어렵다. 이

경우 테이트와 알렉산더(Tate & Alexander, 1996)가 제안한 다섯 가지 준거가 도움이 될 수 있다. 첫 번째 준거는 정확도다. 정확도를 알아보는 지표로는 정보의 출처나 정보 입력 일시가 기재되어 있는지 등이 있다. 두 번째 준거는 권위로, 지표로는 그 사이트의 후원자나 정보를 제공하는 사람이나 그 사람의 자격 등이 명시되어 있는가 등이 있다. 세 번째 준거는 객관성으로, 지표로는 그 사이트가 공공 사이트인지 상업용 사이트인지 등이 있다. 네 번째 지표는 최신성으로, 지표로는 정보 입력 일시가 명시되어 있는지, 얼마나 자주 업데이트 되는지 등이 있다. 다섯 번째 준거는 포괄성으로, 제공하는 정보가 포괄적인가 등이 지표가 된다.

(3) 논증 구조 분석

이제 전제가 사실일 가능성이 높고 논증과 관련성이 높다고 판단되면 전제가 결론을 지지하는 정도를 분석하면 된다. 먼저 전제가 하나인 경우는 그 전제가 결론을 지지해 주는 정도만 계산하면 된다. 그런데 전제가 두 개 이상인 논증도 많다. 전제가 두 개 이상인 경우에는 전제들의 관계를 파악해야 한다. 전제들의 관계는 다양할 수 있는데 여기서는 가장 기본적인 관계인 수렴 구조와 연쇄 구조에 대해서 알아보자.

수렴 구조란 두 개 이상의 전제가 같은 결론을 지지하는 구조를 말한다. '유산소 운동을 하면 순환계가 강해지고 혈압이 낮아지니까 규칙적으로 유산소 운동을 해야 한다.'라는 논증을 생각해 보자. 이 논

중에서 '규칙적으로 유산소 운동을 해야 한다'가 결론이고, '유산소 운동을 하면 순환계가 강해지고 혈압이 낮아지니까'라는 부분이 전제다. 그런데 이 전제는 '유산소 운동을 하면 순환계가 강해진다'라는 전제와 '유산소 운동을 하면 혈압이 낮아진다'라는 전제가 합쳐진 것인데, 이 두 개의 전제가 같은 결론을 지지해 주니까 이 논증은 수렴 구조를 띈다.

수렴 구조를 갖는 논증을 사용하는 이유는 전제가 하나만 주어지는 논증보다 수렴 구조일 때 전제들이 결론을 지지하는 정도가 크기 때문이다. 전제가 두 개 이상일 때 각각의 전제가 결론을 지지해 주는 정도는 다르다. 수렴 구조일 때 전제들이 결론을 지지하는 정도를 계산하는 규칙으로 여러 가지 규칙이 제안되었는데(Anderson, 1971), 거의 대부분의 경우에 수렴 구조일 때 전제들이 결론을 지지하는 정도는 결론을 지지하는 정도가 가장 강한 전제 하나만 주어지는 논증보다 강하다. 우리말에 가랑비에 옷자락 젖는다는 말이 있는데, 이 말은 각각의 전제들이 결론을 지지하는 정도가 약해도, 전제가 여러 개 모이면 결론을 지지하는 정도가 커진다는 것을 알려 주는 좋은 비유라고 할 수 있다. 그러나 어떤 한 전제가 결론을 지지하는 강도가 아주 강할 경우에는 수렴 구조를 사용해도 나머지 전제들이 추가로 강도를 증가시키기에는 그 정도가 크지 않을 수 있다.

연쇄 구조란 하나의 전제가 다음 전제의 근거가 되고, 다음 전제는 그다음 전제의 근거가 되는 구조를 말한다. '눈이 오면 학교에 지각한다. 학교에 지각하면 시험장에 들어가지 못한다. 그런데 눈이 왔다.

그러니 시험장에 들어가지 못한다'라는 논증을 생각해 보자. 이 논증에서 '시험장에 들어가지 못한다'가 결론이고, '눈이 오면 학교에 지각한다. 학교에 지각하면 시험장에 들어가지 못한다. 그런데 눈이 왔다'라는 부분이 전제다. 그런데 이 전제는 '눈이 오면 학교에 지각한다'라는 전제, '학교에 지각하면 시험장에 들어가지 못한다'라는 전제, 그리고 '눈이 왔다'라는 전제가 합쳐진 것인데, 전제들이 연쇄적으로 연결되고 있으므로 이 논증은 연쇄 구조를 띤다.

　연쇄 구조를 갖는 논증은 전제가 하나만 주어지는 논증보다 전제들이 결론을 지지하는 정도가 작다. 연쇄 구조일 때 전제들이 결론을 지지하는 정도를 계산하는 규칙 중 가장 단순한 규칙이 곱셈 규칙인데, 간단히 말해 전체 논증의 강도는 각 전제의 강도의 곱으로 본다는 규칙이다. 그러다 보니 연쇄를 이루는 전제 중의 하나라도 강도가 낮으면 전체 논증의 강도는 아주 낮아지게 된다. 연쇄 구조를 갖는 논증은 각 전제의 강도가 높아야 하기 때문에, 연쇄 구조는 전제들이 범주적인 정보나 강한 인과 정보일 때 많이 사용된다.

(4) 한정구와 반론

　마지막으로 한정구나 반론이 있는지를 살펴봐야 한다. 논증에는 전제와 결론 외에 가정, 반론, 한정구 등이 추가될 수 있다(Halpern, 2015; Toulmin, 1958). 가정(assumption)은 증거가 제시되지 않은 진술인데 명시적으로 진술이 안 되어 있는 경우도 많다. 예를 들어, '우리 제품이 가장 많이 팔린다'는 진술문은 '많은 사람이 사면 좋은 제품이다'라는 가정이 명시적으로 진술되지 않은 것인데, 이 가정은 정당한 근거가 제시되지 않은 상태다. 그렇지만 이 문구가 잘 받아들여진다는 것은 사람들이 암묵적으로 이 가정을 받아들인다는 것을 의미한다. 한정구(qualifiers)는 결론에 제약을 가하는 문구 등을 말하는데, 많은 경우 한정구는 결론이 지지되는 조건을 제한할 때 사용된다. 예를 들어, '현재 상용화된 기술 중에서는 원자력 발전소가 가장 발전 단가가 싸니까 보다 효율적인 방안이 상용화될 때까지는 원자력 발전소를 운영하는 게 좋다'라는 진술문에서 '보다 효율적인 방안이 상용화될 때까지는'이라는 문구가 한정구에 해당한다. 반론(counterargument)은 특정 결론을 부정하는 진술을 말한다. 바로 앞에 인용한 원자력 발전 문제에서도 찬반이 갈릴 수 있다 보니 자기의 주장에 반대되는 진술도 충분히 예상할 수 있다. 얼핏 생각하기에는 한정구와 반론을 포함시키는 것은 자기의 주장에 대해 확신이 없는 것처럼 보일 수도 있으나, 내가 설득해야 하는 상대가 그 문제에 대해 확실하게 자기 생각을 갖고 있는 경우, 특히 나와 반대되는 입장을 가진 경우에는 내가 그 문제에 대해 여러 각도에서 생각해 보았다는 인상을 줄 수 있으므로 오히려 더 효율적일 수도 있다(Halpern, 2015).

⑸ 논증 수용자의 취약점

논증을 수용하거나 생성할 때 영향을 미치는 두 가지 요인에 대해 알아보는 것으로 논증에 대한 논의를 마무리하자. 첫 번째는 사람들이 설명이나 이유에 취약하다는 점이다. 사람들은 설명이나 이유를 제시하면 그 설명의 관련 정도 등을 따지지 않고 수용하는 결정을 내리기도 한다. 일반적으로 관련 있는 정보를 설명이나 이유로 제공하므로 설명은 당연히 관련성이 있을 것이라고 가정하기 때문에 이런 현상이 일어났을 수도 있다. 와이스버그, 케일, 굿스타인, 로슨과 그레이(Weisberg, Keil, Goodstein, Rawson, & Gray, 2008)의 연구는 사람들이 그림이나 과학적인 것처럼 보이는 설명이 추가된 설명을 더 잘 받아들이는 경향이 있다는 것을 보여 주었다. 이들은 사람들이 잘 모르는 심리학적 현상에 대해 그럴싸한 설명을 붙인 조건과 엉터리 설명을 붙인 조건을 만들어서 실험을 실시하였다. 실험에서는 설명만 제시된 두 조건(그럴싸한 설명, 엉터리 설명)과 각 설명에 뇌 활동 관련 정보를 그림으로 추가한 두 조건(그럴싸한 설명＋그림, 엉터리 설명＋그림)을 더해 총 네 조건을 만들어서 실험을 실시하였다. 이 실험에서 추가로 제공한 뇌 활동 관련 그림은 전혀 근거가 없는 그림이었다.

참가자들은 자기들이 읽은 설명이 얼마나 믿음직한지를 평가했는데, 엉터리 설명을 붙인 조건에서보다 그럴싸한 설명을 붙인 조건에서 설명을 더 믿음직하다고 평가했다. 여기서 사람들은 나름대로 설명을 평가할 능력이 있는 것으로 보인다. 그런데 뇌 활동 관련 정보를 그림으로 추가한 조건에서는 재미있는 결과가 얻어졌다. 뇌의 활동에 대해 아는 것이 거의 없는 참가자들은 뇌 활동 관련 그림이 없는 조건에서보다 뇌 활동 관련 그림을 추가한 조건에서 설명을 더 그럴싸하다고 평가했다. 이 변화는 엉터리 설명을 읽는 조건에서 더 두드러졌다. 그러나 신경과학 전문가 집단의 참가자들에게는 근거 없는

뇌 활동 관련 그림을 추가하는 것이 역효과를 일으켰다. 이들은 그럴
싸한 설명 조건에 관련 없는 뇌활동 관련 그림이 추가되면 설명이 믿
음직한 정도를 더 낮게 평가하였다. 그러니까 관련성이 없는 뇌 관련
정보를 일반인들에게 제공하면 설득력을 높여 주었지만, 전문가들에
게 제공하면 오히려 설득력이 떨어졌다. 이는 설명을 제공하는 것은
설명을 듣는 사람이 그 설명의 진위를 판단할 수 있는지의 여부에 따
라 효과가 상반된다는 것을 보여 준다.

두 번째는 사람들은 정서를 야기하는 설명에 취약하다는 점이다.
정서 중에서도 공포와 같은 부적 정서를 야기하는 설명에 특히 취약
하다. 심한 경우 정서를 야기하면 전제들이 결론을 지지하는지를 따
지는 분석적인 처리 과정을 차단시킬 수도 있다. 또 논증 내용이 자기
의 정체감과 관련이 있는 경우에도 논증 내용에 대한 분석적인 처리
가 거의 일어나지 않을 수 있다. 최근 정치적인 주장과 객관적인 사
실에 대해 참가자의 생각과 반대되는 주장을 제시하고 새로운 주장
에 지지하는 정도를 평가하게 한 연구(Kaplan, Gimbel, & Harris, 2016)
에서 참가자들은 객관적인 사실에 대해 자기의 처음 생각과 반대되는
정보를 제공하면 생각을 수정하는 경향을 많이 보이지만, 정치적인
주장에 대해서는 자기 생각과 반대되는 주장을 제공받아도 생각을 거
의 수정하지 않는다는 것을 발견할 수 있었다. 그리고 객관적인 사실
에 대한 반증에 대해서는 편도체와 뇌섬엽 부분, 그리고 디폴트모드
네트워크라 불리는 부위가 활동을 별로 보이지 않은 데 비해 자기의
정치적인 주장에 대해 반대되는 주장을 받은 경우 이 부위들에서 활

동을 보였다. 편도체와 뇌섬엽은 감정적인 부분을 처리하거나 위협을 느껴 공격적인 반응을 나타낼 때 활성화되는 부위로, 정치적인 주장에 대해서는 정서적인 반응이 일어난다는 것을 시사한다. 그리고 디폴트모드 네트워크는 자기의 세계관 등과 관련된 부위로 알려져 있어서 정서나 자기정체성 등이 관련된 논증은 그렇지 않은 논증과 처리방식이 아주 다를 수 있다는 것을 보여 주었다. 이런 결과는 왜 선거에서 정서에 호소하는 논증이 많이 사용되는지 설명하는 데 유용한 근거를 제공해 준다.

지금까지 다룬 내용들을 토대로 어떻게 하면 다른 사람들을 잘 설득할 수 있을지에 대해 생각해 보는 걸로 논증에 대한 서술을 마무리하기로 하자. 가장 우선적으로 고려해야 할 측면은 논증 강도다. 즉, 논증 강도를 최대한 강하게 만들어야 한다. 앞에서 논증의 핵심 요소는 주장(결론)과 근거(전제)고, 전제들은 결론과 관련되고 사실로 보여야 하며 결론을 강하게 지지해야 논증 강도가 강해진다는 것을 살펴보았다. 따라서 우리가 다른 사람들을 설득하기 위해 논증을 생성할 때 이 점을 우선적으로 고려해야 한다. 그러려면 해당 문제의 전문가와 같이 신뢰할 수 있는 정보원이 제공한 정보라는 것을 알게 하고, 논증 강도를 높이기 위해 여러 개의 전제가 수렴 구조를 이루도록 논증을 구성할 경우 결론을 지지하는 이유를 가능한 한 많이 제시하는 것이 일반적으로 좋을 수 있다.

다음으로 내 주장을 상대방에게 명확하게 전달하는 방안에 대해 생각해 볼 수 있다. 이를 위해서는 결론과 전제를 이해하기 쉽게 서술하는 방안과 결론이나 전제의 친숙성을 높이기 위해 결론이나 전제를 반복하는 방안을 생각해 볼 수 있다.

　설득의 효과를 높이기 위해 생각해 볼 수 있는 또 다른 측면은 내가 설득하려는 상대에 맞추어 한정구나 반론을 포함시키는 방안이다. 이 방안은 내가 설득하려는 상대가 이미 그 문제에 대해 이미 찬반 의견을 갖고 있는 경우에 유용할 수 있다.

요약

　어떤 사건의 원인이 무엇인지를 판단하는 인과 추리를 하려면 결과 사건의 원인 후보들을 선정해야 하고, 그 원인 후보 중에서 어떤 것이 진짜 원인인지 인과 구조를 밝혀내야 하고, 원인이 복합적일 경우 그 인과 구조에 포함된 각각의 인과관계의 강도를 파악해야 한다. 인과 추리를 하는 방법에 대한 이론으로 공변 이론, 기제 이론, 그리고 인과모형 이론을 다루었다. 두 사건 중 한 사건이 발생할 때 다른 사건이 발생하는 정도와, 한 사건이 발생하지 않을 때 다른 사건도 발생하지 않는 정도를 알려 주는 공변은 인과 추리를 할 때 중요한 정보지만 상관에 기반한 정보이기 때문에 인과를 추리하는 데 충분하지는 않다. 기제 이론은 두 사건이 인과적으로 연결되는 기제가 인과 추리에서 중요하다고 보는 이론이다. 인과모형 이론은 여러 사건이 관여된 인과를 추리하는 데 유용한 것으로 보인다. 단일 사건의 인과를 추리할 때에는 공변을 이용한 인과 부여 모형이나 역사실 추론이 사용되기도 한다.

　어떤 대상이 특정한 속성을 갖고 있는지를 판단하는 속성 추론에서는 속성 유무를 판단할 때 사용할 수 있는 관련 속성이 있느냐에 따라 추리하는 방식이 다른 것 같다. 관련 속성이 없는 백지 속성에 대해 추론할 때는 대상 간의 유사성이나 전형성을 토대로 속성 추론을 하지만, 관련 속성이 있는 비백지 속성에 대해 추론할 때는 관련 속성과 표적 속성의 관계라는 틀 안에서 참조 대상과 목표 대상의 우열 등의 정보를 이용하여 속성 추론을 할 가능성이 많다는 것을 보았다.

가설 검증 연구에서는 사람들이 가설 검증을 할 때 확증 편향을 보이는 경향이 아주 강하며, 피드백을 통해 반증을 경험하게 되면 확증 편향이 줄어들 수 있다는 것을 보았다. 에반스는 사람들이 가설적 사고에서 보여 주는 행동은 단수 원리, 관련성 원리, 그리고 최소만족 원리라는 세 가지 원리로 설명될 수 있다고 제안하였다.

여러 개의 전제와 결론을 제시하는 행위인 논증에는 연역 추리와 귀납 추리가 사용되는데, 건전한 논증이나 설득력 있는 논증이 되려면 전제들이 사실이어야 한다. 사람들은 정보원의 신뢰도와 관련성 등을 고려해서 논증을 수용할지 결정하는 것으로 보인다.

INTRODUCTION
TO
PSYCHOLOGY

04_

판단과 결정

살아가면서 다양한 문제에서 선택을 해야 하는데, 이에 대한 규범 모형은 각 대안이 나에게 얼마나 이득이 되는지 그 효용을 판단해서 효용이 가장 큰 대안을 선택한다는 것이다. 이를 따르려면 각 대안이 발생할 확률과 그 대안의 가치를 계산해야 하는데, 대안의 발생확률을 계산하는 것과 같은 인지 과정을 판단이라 부른다. 판단에 대한 절에서는 확률 판단을 할 때 나타나는 대표적 현상과 사람들이 어떻게 확률 판단을 하는지 알아본다. 다음으로 위험 판단에 대해 알아본다. 결정에 대한 절에서는 합리적인 의사결정에 대한 규범모형에 대해 알아보고 이어서 사람들의 실태와 그에 대한 설명에 대해 알아본다.

1. 확률 판단

우리는 일상생활에서 확률이라는 어휘를 자주 사용한다. 하나의
사건이 발생할 확률뿐만 아니라 둘 이상의 사건이 발생할 확률을 따
져 보거나 사건들 간의 확률을 비교하는 경우도 많이 볼 수 있는데,
이것은 사람들 사이에 통용되는 확률의 규칙이 있다는 것을 함의한
다. 그리고 그 규칙은 논리적 확률에서 도출된 규칙과 상당 부분 일치
할 것이라고 예상할 수 있다.

그럼 확률을 계산할 때 사용되는 규칙은 어떤 것들이 있는지 알아
보자. 가장 기본적인 것은 확률은 0과 1 사이의 값을 갖는다는 것이
고, 한 사건의 가능한 결과가 여러 가지일 경우 가능한 모든 결과 사
건의 발생확률을 합하면 1이 된다는 것이다. 이 두 가지 기본 규칙에
더해 확률의 덧셈 법칙과 확률의 곱셈 법칙이 있다.

확률의 덧셈 법칙과 곱셈 법칙을 이해하려면 단순확률과 조건확
률, 그리고 독립사상과 배타적 사상이라는 개념을 아는 것이 필요하
다. 단순확률이란 하나의 목표 사건이 발생할 확률을 말하며, p(A)
와 같은 형식으로 표현한다. 조건확률이란 특정 조건에서 목표 사건
이 일어날 확률을 의미한다. 사건 A가 발생한 상태라는 조건에서 목
표 사건 B가 발생할 확률이 조건확률인데, 기호로는 P(B|A)로 표시
한다. 수직선의 뒤에 조건을 표기하고, 수직선의 앞에 목표 사건을 표
기한다. 사건 A와 B가 관련이 있으면 조건확률은 단순확률과 다른 값

을 보여 준다. 어떤 과제에서 성공을 하면 자기의 능력에 대해 긍정적으로 생각하지만 실패를 하면 자기의 능력에 대해 부정적으로 생각한다고 해 보자. 이 경우 자기가 능력이 있다는 답을 할 확률은 과제에서의 성공 · 실패라는 사건 A에 따라 다른 값을 보여 줄 것으로 예상되므로, 조건확률 p(능력 있다 | 성공)는 단순확률인 p(능력 있다)보다 클 것으로 예상할 수 있고, 반대로 조건확률 p(능력 있다 | 실패)는 단순확률인 p(능력 있다)보다 작을 것으로 예상할 수 있다. 많은 경우 조건확률은 단순확률과 다른 값을 보여 주는데, 두 사건 A와 B가 독립적이거나 배타적일 경우에는 조건확률이 특별한 특징을 갖는다.

두 사건 A와 B가 독립적이라는 것은 두 사건 A, B 중 어느 한 사건의 발생이 다른 사건의 발생에 영향을 미치지 않는 것을 말한다. 예를 들어, A, B 두 명이 동시에 동전을 던질 때 A가 앞면이 나왔느냐 아니냐는 B가 앞면이 나올지 아니면 뒷면이 나올지에 아무런 영향을 주지 못한다. 마찬가지로 B가 앞면이 나왔느냐 아니냐는 A가 앞면이 나올지 아니면 뒷면이 나올지에 아무런 영향을 주지 못한다. 그러니까 A와 B는 독립적인 사건이 된다. A와 B가 독립적인 사건일 때는 사건 A가 발생한 상태에서 사건 B가 발생하는 조건확률 p(B | A)는 사건 B의 단순확률 p(B)와 같고, 마찬가지로 사건 B가 발생한 상태에서 사건 A가 발생하는 조건확률 p(A | B)는 사건 A의 단순확률 p(A)와 같게 된다.

두 사건 A와 B가 배타적이라는 것은 두 사건 A, B 중 어느 한 사건이 발생하면 다른 사건은 발생하지 않는다는 것을 말한다. 즉, A와 B가 동시에 발생할 수는 없는 관계라는 것을 의미한다. 예를 들자면,

사건 A는 어떤 대학생이 1학년이라는 것을 뜻하고, 사건 B는 그 학생이 3학년이라는 것을 뜻할 경우 사건 A와 사건 B가 동시에 발생할 수는 없다. 그러니까 A와 B는 배타적인 사건이 된다. A와 B가 배타적인 사건일 경우에는 사건 A가 발생한 상태에서 사건 B가 발생하는 조건확률 $p(B|A)$나 사건 B가 발생한 상태에서 사건 A가 발생하는 조건확률 $p(A|B)$는 0이 된다.

1) 확률 계산 법칙

이제 확률의 덧셈 법칙과 곱셈 법칙에 대해 알아보도록 한다. 확률의 덧셈 법칙은 두 사건 A와 B 중 적어도 한 사건이 일어날 확률, 즉 이접 확률을 계산할 때 사용하는 규칙이다. 사건 A가 발생하는 단순확률과 사건 B가 발생하는 단순확률을 더하게 되면 A와 B가 모두 발생하는 경우가 두 번 포함되게 된다. 따라서 두 사건 A와 B 중 적어도 한 사건이 일어나는 확률을 계산하려면 사건 A의 단순확률과 사건 B의 단순확률을 더한 것에서 A와 B가 모두 발생하는 확률 $p(A \cap B)$를 한번 빼 주어야 한다. 즉, 두 사건 A와 B 중 적어도 한 사건이 일어나는 이접 확률 $p(A \cup B)$는

$$p(A \cup B) = p(A) + p(B) - p(A \cap B)$$

로 표현할 수 있다. 여기서 두 사건이 다 일어나는 확률 $p(A \cap B)$는 두

개의 단순확률 중 작은 값보다도 작다. 그러니까 이접확률은 이접 사
건을 구성하는 단일 사건들 중 가장 확률이 높은 사건의 단순확률보
다 크다.

　확률의 덧셈 법칙에서 특별한 경우가 하나 있는데 그것은 A와 B가
배타적인 관계일 경우다. A와 B가 배타적인 관계이면 두 사건 A와
B가 다 발생하는 경우가 없어 p(A∩B) = 0이 된다. 따라서 두 사건
A와 B가 배타적일 경우 이접확률 p(A∪B)는

$$p(A \cup B) = p(A) + p(B)$$

가 된다. 두 사건의 이접확률을 계산하는 또 다른 방법은 다음과 같다.

$$p(A \cup B) = 1 - [1 - p(A)] * [(1 - p(B)]$$

　이 방법은 세 개 이상의 사건들의 이접확률을 계산할 경우에도 확
장해서 적용할 수 있기 때문에 유용하다. A, B, C 세 사건의 단순확률
이 각 0.1이라고 할 때 이 공식을 확장해서 이 세 사건 중 하나라도 발
생할 이접확률을 계산하면 무려 0.279가 된다. 세 사건의 단순확률이
각 0.2라고 하면 이접확률은 0.488이 된다. 또 단순확률이 각 0.3이라
고 하면 이접확률은 0.557이 된다. 이를 통해서 우리는 이접 사건을
구성하는 단일 사건의 수가 늘어나면 이 사건들 중 하나라도 발생할
이접확률은 우리가 직관적으로 생각하는 값보다 크다는 것을 알 수

있다. 특히 단순확률이 작을 경우 이 공식을 이용해서 계산해 내는 이
접확률은 우리가 직관적으로 예상하는 이접확률보다 훨씬 크다.

확률의 곱셈 법칙은 두 사건 A와 B가 다 발생할 확률, 즉 연접확률
을 계산할 때 사용하는 규칙이다. 두 사건 A와 B가 다 발생하는 확률
은 두 가지로 생각해 볼 수 있다. 사건 A가 발생한 상태에서 사건 B가
발생하는 것으로 표현할 수도 있고, 사건 B가 발생한 상태에서 사건
A가 발생하는 것으로 표현할 수도 있다. 이를 기호로 표현하면 두 사
건 A와 B가 다 발생하는 연접확률 $p(A \cap B)$는

$$p(A \cap B) = p(A) * p(B|A) = p(B) * p(A|B)$$

로 표현할 수 있다. 확률은 0과 1 사이의 값을 갖기 때문에 우리는 이
공식을 통해 연접확률은 연접 사건을 구성하는 단일 사건들 중 가장
확률이 낮은 사건의 단순확률보다 작다는 것을 알 수 있다. 또 이 공식
은 세 개 이상의 사건들이 다 발생하는 연접확률을 계산할 때 2차 조건
확률, 3차 조건확률 등을 추가해서 계산하는 것으로 확장될 수 있다.
그런데 확률은 0과 1 사이의 값을 갖기 때문에 확률들을 곱하게 되면
그 값은 점점 더 작아지게 된다. 이를 통해서 우리는 연접 사건을 구성
하는 단일 사건의 수가 늘어나면 이 사건들이 다 발생할 확률인 연접
확률은 우리가 직관적으로 생각하는 것보다 작다는 것을 알 수 있다.

확률의 곱셈 법칙에서 특별한 경우가 하나 있는데 그것은 A와 B가
독립적인 관계일 경우다. A와 B가 독립적인 관계면 $p(B|A) = p(B)$이

고 p(A|B) = p(A)이다. 따라서 A와 B가 독립적인 사건일 경우에는

$$p(A \cap B) = p(A) * p(B)$$

가 된다.

2) 확률 판단의 실제

지금까지 확률의 덧셈 규칙과 곱셈 규칙에 대해 알아보았다. 사람들은 덧셈 규칙이나 곱셈 규칙을 얼마나 잘 따를까? 확률의 덧셈 규칙에 대해 서술할 때 우리는 여러 사건 중 하나라도 발생할 이접확률은 그 사건들 중에서 가장 발생확률이 높은 단일 사건의 발생확률보다 크다는 것과, 이접 사건을 구성하는 사건의 수가 많아지면 그 사건들 중에 하나라도 발생할 확률은 우리가 생각하는 것보다 더 빠른 속도로 증가할 수 있다는 것을 알았다. 그러나 사람들은 이 사실을 잘 받아들이지 못하는 것으로 해석될 수 있는 행동을 보이기도 한다.

(1) 이접 사건

사람들은 이접확률을 과소 추정하는 경향이 있다. 이접 사건의 확률을 작게 추정하는 예로 널리 알려진 것이 생일이 같은 사람이 있을 확률이다. 생일이 같은 사람이 있을 확률이 50%를 넘으려면 한 반에 몇 명이 있어야 할 것 같은지 직관적으로 추정해 보라. 생일이 같은

사람이 있을 확률 p(생일이 같은 사람이 있다)는 [1 – p(생일이 같은 사람이 없다)]인데, p(생일이 같은 사람이 없다) = p(모든 사람의 생일이 다르다)이다. 그런데 p(모든 사람의 생일이 다르다)는 사람이 n명이라면 364 / 365 * 363 / 365 * ⋯ * (365 – n + 1) / 365라서 n이 증가하면 p(모든 사람의 생일이 다르다)는 아주 빠른 속도로 줄어든다. 놀랍게도 n = 23이면 p(모든 사람의 생일이 다르다)는 0.5에 근접하게 된다. 이 수치는 사람들이 예상하는 수치보다 훨씬 작다.

(2) 연접 사건

연접확률을 추정할 때에는 그 반대 현상이 일어난다. 확률의 곱셈 규칙에 대해 서술할 때 우리는 연접확률은 연접 사건을 구성하는 단일 사건들 중 가장 확률이 낮은 사건의 단순확률보다 작다는 것과, 연접 사건을 구성하는 단일 사건의 수가 늘어나면 이 사건들이 다 발생할 확률인 연접확률은 우리가 생각하는 것보다 작다는 것을 알았다. 그러나 사람들은 연접확률을 과다 추정하는 경향이 있다.

연접확률을 과다 추정하는 대표적인 예가 여러 단계로 구성된 새로운 프로젝트의 성공 가능성을 예상하는 것이다. 사람들에게 10단계를 걸쳐 만들어지는 제품을 개발하는 데 각 단계별로 실패할 가능성이 0.05라고 알려 주고 제품 개발에 성공할 가능성을 추정하게 하면 공식에 따라 계산되는 값보다 훨씬 높게 추정한다. 제품 개발에 성공하려면 모든 단계에서 성공해야 한다. 각 단계별로 성공 가능성은 [1 – p(실패)]이니까 1 – 0.05 = 0.95다. 이제 각 단계는 서로 독립적이라고 가정하고 10단계를 다 성공할 가능성을 계산하면 0.95^{10}이 된다. 이렇게 계산하면 성공 가능성은 60% 정도가 되는데, 사람들은 성공 가능성을 이보다 훨씬 높게 추정한다.

연접확률을 추정할 때 사람들이 범하는 오류의 더 두드러진 예는 트버스키와 카너먼(Tversky & Kahneman, 1973)이 보고한 연접 오류(conjunction fallacy) 현상이다. 앞에서 연접확률은 연접 사건을 구성하는 단일 사건들 중 가장 확률이 낮은 사건의 단순확률보다도 작을 수밖에 없다고 했는데, 이들은 사람들이 때로는 연접 사건의 발생확률을 단일 사건의 발생확률보다 더 높게 추정한다는 것을 보여 주면서 이를 연접 오류라 하였다. 린다 문제라고 알려진 문제가 연접 오류를 보여 주는 대표적인 문제다. 린다 문제는 다음과 같다.

린다는 31세 여성으로 외향적이고, 대학에 다닐 때 철학을 전공했으며, 사회 문제에 관심이 많아 반전 데모에도 참여했었다. 이제 다음 여덟 가지 문항을 린다를 가장 잘 기술하는 것으로 보이는 문항부터 순서대로 순위를 매겨 보라.

ㄱ. 린다는 현재 초등학교 교사다.
ㄴ. 린다는 서점에서 일하고 요가학원에 다닌다.
ㄷ. 린다는 여성운동에 적극적이다.
ㄹ. 린다는 정신병원의 사회복지담당자다.
ㅁ. 린다는 여성유권자연합회의 회원이다.
ㅂ. 린다는 은행원이다.
ㅅ. 린다는 보험외판원이다.
ㅇ. 린다는 은행원이며 여성운동에 적극적이다.

이 문제에서 연구자들이 알고자 한 부분은 ㅂ(린다는 은행원이다.)과

ㅇ(린다는 은행원이며 여성운동에 적극적이다.) 중 어느 것을 더 높게 평가하느냐였다. 그런데 ㅇ은 ㄷ(린다는 여성운동에 적극적이다.)과 ㅂ의 연접 사건이다. 따라서 확률 규칙에 따르면 단순 사건인 ㅂ을 연접 사건인 ㅇ보다 높게 평가해야 한다. 그러나 참가자의 85%는 그 반대로 평가하였다. 대부분의 참가자가 '린다는 은행원이며 여성운동에 적극적이다.'라는 문항을 '린다는 은행원이다.'라는 문항보다 린다를 더 잘 기술하는 문항이라고 판단했다. 그런데 린다 문제는 어느 문장이 린다를 더 잘 기술하는지를 판단하는 것이었기 때문에 확률만 물은 게 아니라는 문제가 있을 수 있다.

지금까지 살펴본 것처럼 사람들은 확률 판단을 할 때 이접 사건의 확률은 실제보다 과소 추정하고 연접 사건의 확률은 실제보다 과다 추정하는 경향을 보인다. 심지어 린다 문제에서는 단일 사건보다 연접 사건이 더 가능성이 높다는 판단을 했다. 왜 사람들은 이렇게 행동한 것일까?

3) 확률 판단에 영향을 미치는 요인

확률만 묻는 경우에도 사람들은 지식의 영향을 받기도 하고, 제한된 작업기억의 용량으로 인해 확률을 계산할 때 중요한 정보를 고려하지 않는 실수를 범하기도 한다. 여기에서는 세 가지 요인에 대해 알아본다.

확률 판단을 할 때 영향을 미치는 요인 중의 하나는 사람들은 패턴을 보려는 경향이 있다는 점이다. 널리 알려진 예가 제2차 세계대전 당시 독일이 런던을 향해 무인로켓을 발사했을 때 런던에서 벌어진 에피소드다. 독일이 로켓을 개발하기는 했지만 로켓을 유도하는 기술은 초기 단계였다. 그래서 로켓을 발사하면서도 그 로켓이 어디에 떨어질지 자신 있게 예측할 수 없었다. 그렇기 때문에 런던에 로켓이 떨어진 지점들에는 패턴이 없었다. 그런데도 독일이 런던 타워를 공격할 것이라는 소문이 떠돌았고 사람들은 이 소문을 믿었다. 실제로는 아무 패턴이 없었는데도 사람들은 패턴이 있는 것처럼 보았다. 이 예에서 볼 수 있듯이 패턴을 보려는 경향이 사람들로 하여금 확률을 틀리게 판단하는 결과를 초래하기도 한다.

확률 판단에 영향을 미치는 두 번째 요인은 기대다. 변인들 간에 상관이 있을 거라고 기대하면 실제로는 상관이 없는데도 상관이 있는 것처럼 판단한다. 제3장의 1절 인과 추리에서 서술한 채프만과 채프만(1967)의 착각적 상관이 좋은 예다(99쪽 참고).

확률 판단에 영향을 미치는 세 번째 요인은 작업기억의 용량이 제한되어 있다는 것이다. 작업기억은 대략 네 개 정도의 정보를 저장하며 하나의 인지 작업을 처리하는 특징을 가지고 있다. 그래서 두 개 이상의 계산을 해야 할 경우 작업기억 용량을 넘어설 수 있으므로 간단한 어림법을 사용할 가능성이 있다. 예를 들어, 두 개 이상의 계산이 포함되어 있을 경우 가장 관련성이 높다고 생각하는 정보만 사용해서 확률을 계산할 가능성이 있으며, 계산 횟수가 많으면 대충 계산

할 가능성이 충분히 있다. 앞에서 서술한 사고의 누적확률이나 새 프
로젝트의 성공 가능성을 계산하려면 같은 계산을 여러 번 반복해야
한다. 이럴 경우 일부만 계산하고 그때까지의 계산 결과를 가지고 답
을 추정할 가능성이 있다. 그렇게 할 경우 이접확률은 과소 추정하고
연접확률은 과다 추정할 가능성이 높아진다.

　확률을 계산할 때 두 개 이상의 계산이 포함되어 있는 대표적인 예
가 베이즈 정리(Bayes' theorem)다. 베이즈 정리는 베이즈가 제안한 방
법으로 기저율과 사전 조건확률들을 가지고 사후 조건확률을 계산하
는 방법인데, 주변에서 볼 수 있는 대표적인 예는 진단 검사에서 양성
으로 나왔을 때 그 사람이 그 질병에 걸렸을 가능성을 계산하는 경우
다. 그런데 사람들은 베이즈 정리에서 요구하는 계산이 너무 복잡하
다 보니 사후 조건확률을 잘 계산하지 못한다. 베이즈 정리의 계산식
은 다음과 같다.

$$P(H|D) = \frac{[P(H) * P(D|H)]}{[P(H) * P(D|H) + P(-H) * P(D|-H)]}$$

　이 계산식에서 H는 가설, D는 자료를 가리킨다. 진단 검사 예에서
H는 질병에 걸린 것이고 D는 양성으로 나온 것이다. 복잡한 공식은
잠시 접어 두고 말로 생각해 보자. 여기서 우리가 구하는 것은 검사에
서 양성으로 나온 사람 중 환자의 비율이다. 그런데 검사에서 양성으
로 나온 사람에는 정상이면서 양성으로 나오는 가양성(false positive)
과, 환자이면서 양성으로 나오는 진양성(true positive)의 두 유형이 있

다. 그러니까 우리가 구하는 것은 가양성과 진양성을 합한 숫자에서
진양성의 비율을 알아내는 것이다.

문제는 이걸 계산하려면 가양성의 확률과 진양성의 확률을 계산한
다음 이 둘의 합에서 진양성의 비율을 계산해야 하는데, 이것이 생각
보다 복잡하다는 것이다. 가양성과 진양성의 비율을 구하려면 일단
전체 사람 중 정상인의 비율(p(-H), 기저율 정상)에 정상이면서 양성으
로 나올 비율(p(D|-H), 사전 조건확률 정상)을 곱하고 또 전체 사람 중 환
자의 비율(p(H), 기저율 환자)에 환자이면서 양성으로 나올 비율(p(D|H),
사전 조건확률 환자)을 곱해야 한다. 그다음 이 둘을 더하고 마지막으로
이 둘의 합에서 진양성의 비율을 계산해야 하니 무려 네 가지 계산을
해야 한다. 따라서 작업기억에 부담이 커지므로 좀 더 쉬운 방법을 찾
게 된다. 앞에서 보았듯이 사람이 사용하는 중요한 기준 중의 하나가
관련성이다. 그래서 제대로 계산하는 것이 작업기억에 부담이 크면
관련성이 높은 정보만 사용하는 간편한 계산을 할 수도 있다. 그럼 기
저율과 사전 조건확률 중 어느 것이 내가 구하려는 사후 조건확률과
관련성이 높은 것으로 보일까? 아무래도 기저율 정보보다 사전 조건
확률 정보가 관련성이 높은 것으로 보이기 쉽다. 베이즈 정리 계산식
에서 기저율을 삭제하고 사전 조건확률만 남기면 복잡했던 계산식이

$$P(H|D) = \frac{P(D|H)}{P(D|H) + P(D|-H)}$$

으로 간편해지는데, 문제는 '이 간편식이 정확한 답에 근접하는 답을

제공하느냐?'다. 안타깝게도 답은 '아니다'. 이 간편식이 정답에 근접한 값을 제공하려면 두 개의 기저율, p(H)와 p(-H)가 비슷한 크기라야 한다. 그러나 사후 조건확률을 계산하는 경우 기저율이 심하게 비대칭적인 경우가 아주 많다. 진단 검사에서 정상인과 환자의 비율은 극도로 비대칭적이다. 이런 경우 베이즈 정리에 의한 값과 간편식에 의한 값은 엄청나게 달라진다. 예를 들어, 환자의 비율을 0.02, 정상인데 양성으로 나오는 조건확률을 0.05, 환자인데 양성으로 나오는 조건확률을 0.80으로 할 경우, 베이즈 정리에 의한 값은 대략 0.25이지만 간편식에 의한 값은 0.92 정도로 무려 세 배 이상의 차이가 난다. 기저율이 워낙 차이가 크면 가양성의 숫자가 생각보다 훨씬 커지는데 기저율을 무시하면 이 부분을 고려할 수 없기 때문에 빚어지는 결과다.

베이즈 정리에 의해 사후 조건확률을 계산할 때 기저율을 무시하고 사전 조건확률을 주로 고려하는 것과 같은 현상을 기저율 무시(base rate neglect)라 부른다. 기저율 무시 현상은 기저율보다 더 관련성이 있다고 생각하는 정보를 사용해서 빚어지는 판단 오류를 가리키는 말이어서, 베이즈 정리에 의한 사후 조건확률 계산을 하는 경우가 아닌 다른 경우에도 적용된다.

4) 확률 판단에 사용하는 어림법들

앞에서 누적 이접확률이나 연접확률에 대해 서술하면서 작업기억 용량을 넘어설 가능성이 많으면 간단한 어림법을 사용할 가능성이 있다고 서술했는데, 카너먼과 트버스키는 대표성 어림법, 가용성 어림법, 기준값과 조정 어림법이라는 세 가지 종류의 어림법을 제안하였다(Kahneman & Tversky, 1973; Tversky & Kahneman, 1974). 그리고 트버스키와 쾰러(Tversky & Koehler, 1994)는 대안들을 서술하는 방식도 확률 판단에 영향을 미친다는 지지 이론(support theory)도 제안하였다.

(1) 대표성 어림법

대표성 어림법(representativeness heuristics)은 어떤 사례가 특정 범주에 속할 확률을 판단하려면 특정 범주나 집단의 크기 등을 고려해서 판단해야 하는데, 어떤 한 특징이 그 범주나 집단을 대표한다고 간주해서 그것을 토대로 확률을 판단하는 간편 계산 방법이다. 즉, 전형성이나 유사성에 의존해서 확률을 판단하는 방법이다. 대표성 어림법을 사용하는 예로 카너먼과 트버스키(1972, 1973)는 기저율 무시, 표본 크기 무시, 그리고 우연에 대한 오해 등을 들었다.

① 기저율 무시

사후 조건확률을 판단할 때 사람들이 보여 주는 오류를 설명할 때 기저율 무시에 대해 서술했었다. 기저율 무시는 계산이 복잡하지 않은 문제에서도 나타난다. 카너먼과 트버스키(1973)는 대학생들에게 앞에 놓여 있는 서류는 임상심리학자가 면담을 하고 정리한 서류라고 말하고 그중 하나를 뽑아서 읽어 준 다음 그 사람이 농부일 가능성이 큰지 아니면 사서일 가능성이 큰지 판단하게 하였다. 예를 들면, '존은 겸손하고 수줍어하고 정리하기 좋아하는 사람이다'라는 서술문을 읽어 준 다음 존이 농부일 가능성이 큰지 아니면 사서일 가능성이 큰지 판단하게 하였다. 참고로 이 실험이 실시된 시점의 미국 인구통계를 보면 농부가 사서보다 많았다. 즉, 농부의 기저율이 사서의 기저율보다 컸다. 사람들은 이 서술문을 듣고 이 서술문에 나오는 성격 특성은 농부보다는 사서에 더 전형적이라고 생각해서 사서일 가능성이 더크다고 답하였다.

다른 실험에서는 앞에 100장의 인사기록 카드를 놓고 임상심리학자가 면담을 하고 정리한 서류인데 100명 중 70명은 엔지니어고 30명은 변호사라고 기저율을 알려 주었다. 그리고 그중에서 하나를 뽑아 읽어 주고 그 사람이 엔지니어일지 변호사일지 답하게 하였다.

> 잭은 사회나 정치에 관한 책을 읽는 것을 좋아하고, 면담을 하는 동안 토론에 숙달된 모습을 보여 주었다.
>
> 톰은 여가 시간에 수학 문제 푸는 것을 좋아한다. 면담을 하는 동안 자기의 감정을 잘 조절하였다.
>
> 해리는 쾌활하고 배드민턴을 잘한다. 면담을 하는 동안 자기의 감정을 잘 조절하였고, 통찰력 있는 질문을 던졌다.

대부분의 사람들은 잭은 변호사일 거라고 판단하고, 톰은 엔지니어일 거라고 판단했다. 사실 잭이나 톰에 대해 서술한 것은 각기 변호사와 엔지니어의 전형적인 모습과 유사하므로 이렇게 판단하는 것은 합리적인 것처럼 보인다. 재미있는 것은 해리의 경우다. 읽어 보면 알 수 있듯이 해리에 대해 서술한 내용은 변호사에게도 해당될 수 있고 엔지니어에게도 해당될 수 있는 내용이어서 해리의 직업을 판단하는 데 별 정보가 되지 못한다. 그렇다면 해리의 경우엔 100명 중에 70명이 엔지니어라는 기저율이 가장 유용한 정보라고 볼 수 있다. 그런데 사람들의 생각은 달랐다. 해리의 직업에 대해 변호사와 엔지니어가 반반으로 갈렸다. 이 실험의 참가자들에게는 대표성 어림법이 기저율보다 더 큰 영향을 미쳤다.

② 표집 크기에 대한 둔감

사람들은 표집 크기에 따라 변산성의 정도가 달라진다는 것을 고려하지 않고 대표성 어림법을 사용하는 경향이 있다. 이를 신생아 문제가 잘 보여 준다. 문제는 이렇다.

어느 도시에 종합병원이 두 개 있는데, A 병원에서는 하루에 평균 45명의 신생아가 태어나고, B 병원에서는 평균 15명의 신생아가 태어난다. 그런데 일별 출생아 숫자는 들쑥날쑥하다. 어떤 날은 남자 신생아가 많고, 또 다른 날은 여자 신생아가 많다. 그럼 최근 1년 중에 남자 신생아가 그날 출생한 신생아의 60%를 넘는 날은 두 병원 중 어느 병원에서 더 많을까?

표본의 크기가 커지면 표준편차는 작아지기 때문에 예외적인 날은 표본의 크기가 작은 B병원에서 더 많을 가능성이 높다. 그러나 사람들은 표본 크기를 무시하고 두 병원이 비슷하다고 답하거나 A 병원에서 그런 일이 더 자주 일어날 것이라고 답했다.

③ 우연에 대한 그릇된 관념

동전 던지기처럼 특정 결과가 나올 가능성이 우연적인 사건에서 어떤 시행에서 특정 결과가 나올지는 직전 시행과 독립적이다. 그래서 시행 수가 적을 때에 특정 결과가 나오는 확률은 논리적인 확률보다 크기도 하고 작기도 하다. 그러나 사람들은 적은 수의 시행에서도 논리적인 확률에 대응되게 나올 것으로 생각한다. 그러다 보니 동전 던지기에서 동전을 여섯 번 던져 앞면(H)과 뒷면(T)이 나온 것을 기록했을 때 HTTHHT일 가능성과 HHHTTT의 가능성을 추정하게 하면 HTTHHT일 가능성을 높게 추정한다.

우연(chance)에 대한 그릇된 생각에서 비롯되는 현상 중의 하나가 도박사의 오류(gambler's fallacy)라 부르는 현상이다. 사람들은 도박에서 계속 잃으면 다음 판에 판돈을 더 거는 경향이 있는데, 그동안 잃은 것을 복구하겠다는 생각도 작용했겠지만 우연에 대한 그릇된 생각에서 다음 판을 이길 확률을 크게 추정하는 오류도 이런 결정에 기여한다. 그러니까 도박이란 이기기도 하고 지기도 하는 것인데, 그동안 계속 졌으니 다음 판에 이길 확률은 굉장히 높아야 한다고 착각하는 것이다. 그렇게 되어야 우연이라는 패턴에 접근하는 것으로 생각하는 것인데, 이는 우연적인 사건에서 매 시행에서 어떤 결과가 나올지는 직전 시행과 독립적이라는 점을 이해하지 못하는 것에서 비롯되는 오류다.

(2) 가용성 어림법

가용성 어림법(availability heuristics)이란 특정 사건의 빈도나 확률을 추정할 때 그 사건을 기억하거나 떠올리는 것이 얼마나 용이한지, 즉 가용한가에 근거해서 빈도나 확률을 추정하는 어림법을 가리킨다 (Tversky & Kahneman, 1973). 그러니까 그런 사건이 쉽게 떠오르는 것은 그런 사건이 많기 때문일 것이라는 가정이 밑에 깔려 있다고 보면 된다. 가용성 어림법이 사용된다는 것을 보여 주는 실험 중의 하나로 사람 이름을 불러 주고 나서 불러 준 이름 중에 남자 이름이 더 많은지 여자 이름이 더 많은지 추정하게 한 실험이 있다. 이 실험에서는 남자 이름과 여자 이름이 반씩 들어 있는 목록을 들려주었는데, 한 조건에서는 남자 이름에 유명인을 더 많이 넣었고, 다른 조건에서는 여자 이름에 유명인을 더 많이 넣었다. 사람들은 유명한 사람 이름이 더 많은 성별의 이름이 더 많다고 판단하였다. 이는 유명한 사람의 이름이 그렇지 않은 이름보다 더 친숙하고 더 두드러지기 때문에 가용성이 높아서 나타난 결과라고 해석하였다.

일화기억을 인출할 때뿐만 아니라 의미기억에서 인출할 때에도 가용성이 영향을 미친다. 이들은 소설책에서 무작위로 다섯 페이지를 뽑아 거기 있는 단어 수를 세어 보았더니 1,000개가 있었다는 가상의 상황을 주고 나서 그중에 r로 시작하는 영어 단어 수나 r자가 3번째 글자인 영어 단어 수를 추정하게 하였다. 영어 단어 빈도를 조사해 보면 r로 시작하는 영어 단어 수보다 r자가 3번째 글자인 영어 단어 수가 훨씬 더 많지만, 사람들은 r로 시작하는 영어 단어 수를 더 많게 추정하였다. 이들은 전자는 기억에서 탐색하는 것이 쉬워서 단어들이 많이 인출되지만 후자는 기억에서 탐색하는 것이 어려워서 단어가 적게 인출되기 때문으로 해석하였다.

가용성 어림법은 우리가 해당 사례를 구성해서 판단해야 하는 상황에서도 사용된다. 한 실험에서 어떤 대학생들에게는 사람이 10명 있을 때 이들 중에서 2명을 골라 위원회를 구성한다면 몇 개의 다른 위원회를 구성할 수 있는지 그 수를 추정하게 했고, 다른 대학생들에게는 이들 중에서 8명을 골라 위원회를 구성한다면 몇 개의 다른 위원회를 구성할 수 있는지 그 수를 추정하게 했다. 둘 다 가능한 위원회 수는 45개인데, 사람들은 2명으로 구성할 때는 80개로 추정했고, 8명으로 구성할 때는 20개로 추정했다.

예들이 얼마나 쉽게 상상되느냐를 토대로 빈도나 확률을 추정하는 어림법은 새 프로젝트의 성공 가능성을 추정하게 할 때에도 작동하는 것으로 보인다. 사람들은 쉽게 상상할 수 있는 어려움이 있으면 그 프로젝트는 '위험하다'고 판단하고, 쉽게 상상할 수 있는 어려움이 없으면 그 프로젝트는 '안전하다'고 판단한다.

가용성 어림법은 두 사건의 상관을 추정할 때에도 영향을 미친다. 앞서 말한 착각적 상관의 경우 한 사건이 의미적으로 다른 하나와 강하게 연결되어 있다고 믿으면 두 사건이 같이 발생할 가능성을 높게 평가해서 둘 간에 상관이 있는 것으로 판단하게 할 수 있다.

(3) 기준값과 조정 어림법

사람들은 빈도나 확률을 추정할 때 처음 주어지는 값을 기준값으로 삼아 조정을 하는데, 실제보다 미세하게 조정하는 기준값과 조정 어림법(Anchoring & Adjusting heuristics)을 사용하는 것으로 보인다. 트버스키와 카너먼(1974)은 대학생들에게 UN 회원국 중 아프리카에 있는 나라의 수를 추정하게 했는데, 한 조건에서는 20보다 많겠느냐 적겠느냐를 답하게 한 다음 참가자들이 생각하는 추정치를 말하게 했고, 다른 조건에서는 65보다 많겠느냐 적겠느냐를 답하게 한 다음 참가자들이 생각하는 추정치를 말하게 했다. 첫째 조건에서 참가자들이 말한 추정치의 중앙값이 25였고, 둘째 조건에서 참가자들이 말한 추정치의 중앙값이 45였다. 이는 참가자들이 자신들의 추정치를 조정하는 데 처음에 준 20이나 65가 기준값으로 작동했다는 것과 기준치에서 크게 조정하지 않고 미세하게 조정하는 경향성을 보인 것으로 해석할 수 있다.

연접 사건인 프로젝트 성공 가능성은 과다 추정하고, 이접 사건인 사고 발생 가능성은 과소 추정하는 현상은 기준값에서 미세하게 조정한 것으로도 설명할 수 있다. 연접 사건의 경우 각 단계별 성공 가능성이 기준값으로 작동하는데, 각 단계별 성공 가능성은 높다 보니 전체 성공 가능성을 과다 추정할 수 있다. 반대로 사고 발생 가능성의 경우에는 각 단계별 사고 발생 가능성이 낮다 보니 사고발생 가능성을 과소 추정할 수 있다.

(4) 지지 이론

어림법을 서술한 것에서 알 수 있듯이 사람들은 많은 경우 기억에
서 인출한 정보를 토대로 빈도나 확률을 판단한다. 그리고 그때 관
련된 모든 정보를 인출하는 것이 아니라 관련성이 높다고 판단되거
나 쉽게 인출되는 정보 위주로 판단한다는 것을 볼 수 있다. 트버스키
와 쾰러(1994)는 사람들은 명시적으로 기술된 것에 의지해 빈도나 확
률을 판단한다는 지지 이론을 제안하였다. 이들은 명시적으로 기술
된 내용이 많으면 그 사건이 발생할 확률을 높게 추정하는 결과를 보
고하였다. 미국 대학생들에게 미국이 테러를 당할 가능성에 대해 추
정하게 했는데, 한 조건에서는 단순히 미국이 테러를 당할 가능성에
대해 추정하게 했고, 다른 조건에서는 문제를 둘로 나누어 미국이 알
카에다 집단에게 테러를 당할 가능성과 알카에다가 아닌 다른 집단에
게 테러를 당할 가능성을 추정하게 했다. 사람들이 관련된 정보를 모
두 인출해서 판단한다면 첫 번째 조건에서 답한 값은 두 번째 조건에
서 두 문항에 대해 답한 것을 합한 수치와 별 차이가 없어야 한다. 결
과는 이와는 달랐다. 첫 번째 조건에서는 0.30으로 답했는데, 두 번째
조건에서는 첫 번째 질문에 대해 0.30으로, 그리고 두 번째 질문에 대
해 0.18로 답했다. 두 번째 조건에서 두 질문에 대해 답한 값을 더하면
0.48로 첫 번째 조건에서의 답보다 훨씬 컸다. 이처럼 하나의 사건을
구성하는 부분 요소들에 대해 답한 것을 합한 것보다 그 부분 요소들
을 포괄하는 사건에 대해 답한 것이 작은 것을 저가법성(subadditivity)
이라 한다. 사람들이 명시적으로 기술되지 않은 사건들에 대해서는

기억을 하지 못할 뿐만 아니라 명시적으로 서술된 정보에 주의를 기울이기 때문에 저가법성 현상이 일어나는 것으로 볼 수 있다.

저가법성 현상은 해당 문제에 대해 오랜 수련과 경험을 가진 전문가들에게서도 관찰되었다. 레델마이어, 쾰러, 리버만과 트버스키 (Redelmeier, Koehler, Liberman, & Tversky, 1995)는 의사들에게 특정 질환의 원인별 발생확률을 물었다. 한 조건에서는 원인을 주된 원인 1, 주된 원인 2, 그리고 기타 원인, 이렇게 세 개의 하위범주로 나누어 원인별로 발생확률을 답하게 했다. 다른 조건에서는 주된 원인 1부터 주된 원인 5까지, 그리고 기타 원인, 이렇게 여섯 개 하위범주로 나누어 답하게 했다. 첫 번째 조건에서 기타 원인에 대해 답한 값은 두 번째 조건에서 주된 원인 3에서 주된 원인 5까지에 대해 답한 값과 기타 원인에 대해 답한 값을 합한 것과 비슷해야 한다. 그러나 전문가들도 저가법성 현상을 보였다. 이 결과는 사람들이 명시적으로 제시된 원인 위주로 사고하는 경향이 아주 보편적임을 보여 준다. 보험 약관을 보면 언제 보상을 받을 수 있는지를 아주 상세하게 서술하고 있는데, 이는 사람들이 명시적으로 제시되는 정보 위주로 확률을 판단하는 경향성을 잘 활용한 것이라고 볼 수 있다.

5) 후판단 편향

지금까지 사람들이 빈도나 확률 판단을 할 때 사용하는 어림법들에 대해 알아보았다. 여기서는 확률 판단을 할 때 나타나는 후판단 편향(hindsight bias)에 대해 알아보도록 한다.

확률 판단에서 나타나는 아주 재미있는 현상은 사람들에게 어떤 사건의 발생 여부에 대해 알려 주고 난 다음 그것을 몰랐을 때 자기가 내렸던 확률추정치에 대해 기억하게 하면 사건 발생 여부에 일치하는 방향으로 왜곡해서 기억한다는 것이다. 피쇼프와 베이스-마롬(Fischoff & Beyth-Marom, 1975)은 닉슨 미국 대통령이 중국과 소련을 방문하기 전에 이스라엘 대학생들에게 미국이 중국과 국교를 수립할 가능성과 소련을 방문할 시 레닌 묘를 참배할 가능성에 대해 추정하게 했다. 그리고 닉슨 대통령이 중국과 소련을 방문하고 난 후에 대학생들에게 방문 전에 확률을 답하게 했을 때 가능성을 얼마라고 답했는지 기억해 보게 했다. 실제로 발생한 사건일 경우에는 방문 전에 자신들이 답했던 값보다 더 높은 값을 답했다고 대답했고, 발생하지 않은 사건에 대해서는 방문 전에 자신들이 답했던 값보다 더 낮은 값을 답했다고 대답했다. 확률 판단을 하고 난 다음에 얻은 지식이 이전에 자기들이 생각했던 확률에 대한 기억을 왜곡시켰다. 이를 후판단 편향이라고 부른다. 어떤 심리학자들은 후판단 편향 현상을 이럴 줄 알고 있었지 현상(knew-it-all-along effect)이라고 부르기도 한다.

후판단 편향은 기억 왜곡 현상이기 때문에 이를 적게 범하게 하는 방안을 알아 두는 것이 유용할 수 있다. 그러려면 후판단 편향이 발생하는 원인을 찾아봐야 하는데, 후판단 편향은 과잉 확신 현상의 한 유형으로 볼 수도 있다. 그렇다면 과잉 확신 현상을 줄이는 데 효과적인 방안이 후판단 편향을 줄이는 데에도 효과가 있을 것으로 생각해 볼 수 있다. 앞에서 확증 편향 때문에 과잉 확신 현상이 일어날 가능성이 많으므로 반증을 경험하게 하면 과잉 확신 현상이 많이 줄어들 수 있다고 했는데, 지나간 사건에 대해 기억할 때 반증을 경험하게 하는 방안으로는 역사실 추론을 생각할 수 있다. 실제로 역사실 추론을 하게 하면 후판단 편향이 많이 줄어들었다.

2. 위험 판단

우리가 일상생활에서 행하는 확률 판단의 하나인 위험 판단에 대해 알아보는 것으로 판단에 관한 논의를 마무리하자. 위험 판단에 대해 체계적으로 연구해 온 리히텐슈타인, 슬로빅, 피쇼프, 레이먼과 콤즈(Lichtenstein, Slovic, Fischoff, Layman, & Combs, 1978)가 개관한 바를 보면 두 가지 양상을 볼 수 있다. 하나는 드물지만 극적인 위험은 과다 추정하고 흔한 위험은 과소 추정하는 경향을 보인다는 것이고, 다른 하나는 매체 등에 자주 언급되는 사건/위험은 과다 추정하고 일상적인 사건은 과소 추정하는 경향을 보인다는 것이다. 그러니까 태풍으로 인해 죽는 사람의 수는 과다 추정하지만, 심장마비나 암으로 죽는 사람의 수는 과소 추정하는 경향을 보인다. 이런 경향을 보인다는 것은 사람들이 위험 판단을 할 때에도 어림법을 사용할 가능성이 많다는 것을 시사한다.

그럼 사람들이 어떤 어림법을 사용하는지에 대해 알아보자. 앞에

178 04 _ 판단과 결정

서 보았듯이 특정 사건이 발생할 빈도나 확률을 판단할 때 사람들이 많이 사용하는 어림법은 가용성 어림법과 기준값과 조정 어림법이다. 이 두 어림법은 위험 판단을 할 때에도 큰 영향을 미치는 것으로 보인다. 위험 판단은 이 두 가지 어림법 외에 다른 요인들의 영향도 받는다. 위험 판단은 상황을 어떻게 서술하느냐에 따라 형성되는 틀의 영향을 받고, 위험 사건의 정서성의 영향도 받으며, 우리의 직관적인 지식의 영향도 받는다.

위험 판단에 영향을 미치는 어림법 중 하나는 가용성 어림법이다. 앞에서 발생 빈도는 낮지만 많은 사람이 한꺼번에 해를 당하는 사건은 매체 등에서 많이 다루고, 또 사람들은 이런 사건들의 발생 가능성을 과다 추정하는 경향이 있다는 것을 보았는데, 이런 현상은 가용성 어림법으로 잘 설명될 수 있다.

기준값과 조정 어림법도 위험 판단에 영향을 미친다. 리히텐슈타인 등(1978)은 1년에 그 사고로 사망할 것으로 예상되는 사람의 수를 추정하게 해서 여러 사건의 위험 가능성을 판단했는데, 한 연구에서는 특정 사건으로 인한 사망자의 수를 알려 주고 각 사고 원인별로 1년에 그 사고로 사망할 것으로 예상되는 사람의 수를 추정하게 했다. 한 조건에서는 감전으로 인한 사망자 수가 1,000명이라는 정보를 주었고, 다른 조건에서는 교통사고로 사망하는 사람의 수가 50,000명이라는 정보를 주었다. 사람들은 두 번째 경우에 사망자 수를 첫 번째 경우의 추정치보다 두 배 내지 다섯 배 더 많게 추정하였다.

틀 효과(framing effect)도 위험 판단에 영향을 미친다. 틀 효과란 같

〈표 4-1〉 맥닐 등(1982)의 연구에서 사용한 폐암 치료법 정보

	사망률(%)		생존율(%)	
	수술	방사선 치료	수술	방사선 치료
직후	10	0	90	100
1년 후	32	23	68	77
⋮	⋮	⋮	⋮	⋮
5년 후	66	78	34	22
방사선 치료 선택률(%)	44		18	

은 대상을 어느 관점에서 서술하느냐에 따라 다른 틀이 작동하게 되어 판단이 달라지는 것을 가리킨다. 카너먼과 트버스키(1979)의 전망이론에 따르면 일반적으로 사람들은 이득의 틀에서는 위험을 추구하고, 손실의 틀에서는 위험을 회피하는 경향이 있다. 이를 맥닐, 파우케르, 속스와 트버스키(McNeil, Pauker, Sox, & Tversky, 1982)의 연구가 잘 보여 준다. 이 연구에서는 방사선 치료와 수술 치료 중에서 폐암 치료법을 선택하게 하였는데, 한 조건에서는 치료 직후부터 5년 후까지 연도별 생존율을 알려 주고 선택하게 했고, 다른 조건에서는 치료 직후부터 5년 후까지 연도별 사망률을 알려 주고 선택하게 했다. 〈표 4-1〉에서 볼 수 있듯이 직후 사망률이 방사선 치료는 0%였고, 수술 치료는 10%였다. 또 5년 후 생존율은 방사선 치료가 22%이고 수술 치료가 34%였다. 사망률과 생존율은 상보적인 관계라서 생존율로 정보를 주건 사망률로 정보를 주건 똑같은 정보이지만 앞에서 서술한 대로 다른 틀이 작동된다. 사람들은 사망은 손실로 받아들이기 때문에 위험을 피하고, 생존은 이득이라서 위험을 추구하는 경향을 보인

다. 그러다 보니 사망률로 정보를 준 경우에는 방사선 치료를 선택한 비율이 44%였는 데 반해, 생존율로 정보를 제공한 조건에서는 18%에 불과했다.

정서 어림법(affect heuristics)도 위험 판단에 영향을 미친다. 정서 어림법은 사건에 대한 정서 반응이 위험 판단에 영향을 미치는 것을 말하는데, 긍정 정서 반응을 경험하면 위험을 낮게 지각하고, 부정 정서 반응을 경험하면 위험을 크게 지각하는 어림법을 가리킨다(Finucane et al., 2000). 실제로는 이득이 크면 위험도 큰데, 정서 어림법이 작동되다 보니 사람들은 이득이 큰 위험 사건은 덜 위험하다고 판단하는 경향을 보인다.

위험 판단에 영향을 미치는 요인으로 생각해 볼 수 있는 것은 특정 위험에 대해 사람들이 갖고 있는 직관적인 지식이다. 특정 원인으로 인해 1년 안에 사망할 것으로 예상하는 사람 수를 추정하게 한 리히텐슈타인 등(1978)의 연구를 보면 전문가들의 위험 추정치는 실제 사망자 수와 아주 높은 상관을 보였지만, 일반인들의 추정치는 실제 사망자 수와 0.6 정도의 상관을 보였다. 이런 차이를 보인 원인 중의 하나는 특정 위험 사건의 인과에 대한 지식의 차이다. 일반적으로 전문가들에 비해 일반인들이 더 많은 사건을 특정 위험 사건의 원인으로 생각한다. 그러다 보니 전문가들은 특정 위험 사건과 관련이 없다고 하는 요인들에 대해서도 일반인들은 특정 위험 사건과 관련이 있다고 생각해서 과민 반응을 보이기도 한다. 전문가와 일반인의 지식의 차이 문제는 위험 소통(risk communication)에서 아주 중요한 문제로 대두되고 있다.

　지금까지 확률 판단에 대해 알아보았다. 앞에서 여러 대안 중에서 효용이 가장 큰 대안을 선택하는 것이 합리적인 의사결정이라고 서술했는데, 효용은 그 대안을 선택했을 때 그 대안이 발생할 확률과 그 대안의 가치를 곱한 것으로 정의할 수 있다는 점에서 확률 판단은 의사결정에서 아주 중요한 역할을 담당한다. 이제 결정에 대해 알아보도록 하자.

3. 의사결정에 대한 규범모형

　의사결정에 대한 규범모형에서는 여러 대안 중에서 주관적 효용이 가장 큰 대안을 고르는 것으로 합리적인 선택 행동을 정의한다. 경제학에서는 승률과 보상을 달리하는 게임을 이용해서 의사결정을 연구하였기 때문에 처음에는 기댓값이 가장 큰 대안을 고르는 것으로 가정했다. 예를 들어, 주사위 두 개를 던지는 게임을 하려면 일단 1,000원을 내야 하는데, 게임 A에서는 주사위를 두 개 던져서 합이 12가 나오면 24,000원을 받지만, 그 밖의 경우에는 아무것도 받지 못한다. 게임 B에서는 합이 7이면 6,000원을 받지만 다른 경우에는 아무 것도 받지 못한다. 이럴 경우 두 게임 중 어느 게임을 선택하는지가 경제학에서 사용하는 전형적인 문제였다. 이 경우 게임별로 각각의 가능한 결과 사건이 발생할 확률에 그때 받는 보상을 곱한 것을 합

하면 기댓값을 계산할 수 있는데, 이때 기댓값이 가장 큰 것을 선택한
다는 것이 규범모형에 따른 선택이 된다.

그러나 금액으로 표현할 수 없는 결정 문제도 있고, 또 액수가 같아
도 사람에 따라 지각하는 크기가 다르다는 이유에서 기댓값 대신 주
관적 효용이라는 용어를 사용하게 되었다. 이런 규범모형을 주관적
기대효용 이론(subjective expected utility theory)이라고 부른다. 그리고
우리가 원룸을 구할 때 후보별로 월세, 직장과의 거리, 주변 환경 등
여러 요인을 고려해서 결정하는 것처럼 결정 대상이 여러 개의 속성
을 갖고 있을 때에는 속성별로 가중치를 부여해서 전체 효용을 계산
하는 다속성 효용 이론(Multiattribute Utility Theory: MAUT)이 규범모형
으로 간주되고 있다.

4. 의사결정에 대한 기술모형

문제는 규범모형이 사람들이 의사결정을 할 때 보여 주는 특징적
인 행동들을 설명할 수 있느냐다. 규범모형은 크게 세 가지 점에서 사
람들의 행동을 설명하는 데 부족함을 보인다. 첫 번째는 규범모형에
서 가정하는 의사결정자의 특성이 실제 사람들의 특성과 다르다는 점
이다. 두 번째는 규범모형에서 가정하는 확률과 가치는 일반 사람들
이 사용하는 지각된 확률과 지각된 가치와 다르다는 점이다. 세 번째
는 규범모형에서는 효용만을 토대로 의사결정을 한다고 가정하였지

만, 사람들은 효용 외에 정서, 책임, 공정성과 같은 다른 요인의 영향도 받는다는 점이다. 이 세 가지 점에 대해 알아보기로 하자.

1) 의사결정자에 대한 가정

규범모형에서는 의사결정을 내리는 사람이 의사결정에 필요한 모든 정보를 다 가지고 있으며, 또 필요한 정보를 다 사용한다고 가정한다. 그러나 의사결정을 내리는 사람이 모든 정보를 다 가지고 있지 못한 경우가 많다. 게다가 사람은 작업기억의 용량이 제한되어 있기 때문에 필요한 모든 정보를 가지고 있다 해도 그것을 모두 고려하는 것이 어렵다는 한계를 갖고 있다. 그래서 사람들은 작업기억이 허용하는 범위 안에서 합리적인 의사결정을 하려고 할 수 밖에 없다. 이를 사이먼(1957)은 제한된 합리성(bounded rationality)이라 불렀다. 작업기억이 허용하는 범위 안에서 합리적인 의사결정을 하려다 보면 사람들은 의사결정을 할 때에도 어림법을 많이 사용하게 된다.

(1) 최소만족 어림법과 속성별 탈락법

의사결정을 할 때 사용되는 어림법으로 가장 널리 알려진 것이 최소만족 어림법과 속성별 탈락법이다. 최소만족 어림법(satisficing heuristics)은 가설적 사고를 다룰 때 나온 적이 있는데, 의사결정을 하는 사람이 정해 놓은 최소 기준을 넘는 대안이 있으면 더 이상 다른 대안들을 탐색하지 않고 그 대안을 선택한다는 어림법이다(Simon,

1957). 최소만족 어림법을 사용해서 결정을 내릴 경우 그 결정이 가장 효용이 크다는 것을 보장할 수는 없다. 그러나 규범모형을 따르는 행동을 하려면 모든 대안을 다 탐색해 보아야 하는데, 대안들을 탐색하는 데 현실적으로 제약이 많다면 이 어림법은 충분히 고려해 볼 만하다. 이 어림법은 한 번에 하나의 대안을 탐색해야 하는 상황에서 특히 유용할 수 있다. 원룸을 구하는 것이 좋은 예가 된다.

원룸을 구하는 경우에는 도박과는 달리 여러 속성을 고려해서 각 대상의 효용을 판단하게 된다. 이럴 때 적용되는 규범모형은 다속성 효용 이론이다. 다속성 효용 이론에서는 속성별로 중요도를 정한 다음 각 대상별로 그 대상이 해당 속성에서 얼마나 가치 있다고 생각하는지를 평가한 점수에 속성의 중요도를 곱한 것을 합해서 그것을 그 대상의 효용으로 계산한다. 마지막으로 효용이 가장 큰 대상을 선택하는 것으로 가정한다. 이 작업을 머릿속에서 할 경우 작업기억에 부담이 아주 클 가능성이 많다. 트버스키(1972)가 제안한 속성별 탈락법(elimination by aspects)은 이런 상황에서 사용하는 어림법이다. 속성별 탈락법에서는 속성별로 탈락 기준을 정해 놓고, 중요한 속성에서부터 순차적으로 기준에 미달하는 대안을 탈락시키는 방법이다. 예를 들어, 내가 원룸을 세 군데 둘러보고, 속성별로 5점 만점으로 채점한 채점표가 〈표 4-2〉와 같다고 해 보자.

먼저 속성별 중요도를 정해야 한다. 월세가 가장 먼저 고려하는 속성이라면 중요도를 5점으로 주고, 직장과의 거리는 4점, 그리고 주변 환경은 2점으로 정해 보자. 이제 다속성 효용 이론에서 제안하는 방

〈표 4-2〉 세 원룸 후보 채점표

속성	중요도	후보 1	후보 2	후보 3
월세	5	5	4	2
거리	4	2	3	5
환경	2	2	2	4
MAUT		37	36	38

식에 따라 각 후보들의 효용을 계산해 보면 후보 1이 37점, 후보 2가 36점, 후보 3이 38점으로 후보 3이 가장 점수가 높다. 이제 속성별 탈락법에 따른 결정을 해 보자. 탈락 기준을 3점이라고 하면 가장 중요한 속성인 월세에서 후보 3이 탈락하고, 두 번째로 중요한 속성인 거리에서 후보 1이 탈락해서 후보 2가 선택된다. 이 가상의 예에서 볼 수 있듯이 어림법을 이용한 결정은 규범모형이 내리는 결정과 다를 수도 있다.

페인, 베트만과 존슨(Payne, Bettman, & Johnson, 1988)은 mouselab 이라는 프로그램을 이용해서 사람들이 어떤 정보를 고려하는지를 알아보는 실험을 수행했다. 이 프로그램은 각 대안의 속성별 값을 알려주는 표에서 마우스가 놓이는 칸만 속성값을 볼 수 있게 해서 사람들이 어떤 방식으로 자료를 조사하는지 추정할 수 있게 한다. 사람들은 속성별로 각 대안의 해당 값을 알아볼 수도 있고, 대안별로 여러 속성의 값을 알아볼 수도 있다. 어떤 사람이 대안별로 여러 속성의 값을 알아보면 그 사람은 규범모형이 제안하는 방식을 따르는 것으로 추정할 수 있고, 반면에 어떤 사람이 속성별로 각 대안의 해당 값을 알아

보면 그 사람은 속성별 탈락법을 따르는 것으로 추정할 수 있다. 이들
이 mouselab을 이용해서 사람들의 정보 탐색 행동을 관찰해 보았더
니 대안의 수가 많을 때에는 속성별로 각 대안의 해당 값을 알아보다
가 대안의 수가 줄어들면 대안별로 여러 속성의 값을 알아보는 경향
을 보였다. 이는 대안이 많을 때에는 속성별 탈락법을 이용해서 가능
한 후보들을 줄인 다음, 후보가 몇 개로 줄게 되면 규범모형적인 방식
을 사용해서 후보들의 효용을 꼼꼼하게 따져보는 두 단계 처리를 하
는 것으로 해석할 수 있다. 이들은 이 결과를 토대로 사람은 적응적
의사결정자라고 불렀다.

　그럼 이 방식은 실생활에서도 사용될까? 실생활에서 사람들의 의
사결정을 연구한 갈로티(Galotti, 2007)의 연구를 보면 사람들은 보통
두 개에서 다섯 개 정도의 대안(평균 네 개)을 고려하는데 시간이 지나
면 고려하는 대안의 수가 줄어들었다. 그러나 고려하는 속성의 수는
대안의 수에 상관없이 세 개에서 아홉 개 정도(평균 여섯 개)였다. 이
때 고려하는 속성의 수는 인지 능력과 관련이 있는 것으로 드러났다.
인지 능력이 큰 사람이 더 많은 속성을 고려하였다. 사람들은 실험실
에서와 마찬가지로 실생활에서도 자기가 처리할 수 있는 범위 내에서
대안들을 고려하는 것으로 보인다.

(2) 다른 어림법들

　다른 연구자들도 의사결정을 할 때 사용할 것으로 여겨지는 어림
법들을 제안하였다. 기거렌저(Gigerenzer, 2008)는 최상 단서 어림법,

재인 어림법, 1/N 어림법 등을 제안하였다. 최상 단서 어림법(take the best heuristics)은 고려할 속성이 많은 경우, 가장 중요하다고 생각하는 속성에서부터 순차적으로 결정하는 어림법이다. 이 어림법은 속성별 탈락법과 같은 논리를 따른다고 볼 수 있다. 한 연구에서는 응급실에 온 환자를 심장병동에 보내야 하는지 일반 병동으로 보내야 하는지 결정할 때, 세 가지 단서만 감안하는 최상 단서 어림법을 사용해서 결정을 내리는 것이 많은 수의 요인을 고려해서 결정을 내려야 하는 규범적인 모형을 따르는 것보다 시간과 정확도 면에서 유용하다는 것을 보고하였다(Green & Mehr, 1997).

재인 어림법(recognition heuristics)은 가장 간단한 최상 단서 어림법인데, 두 개의 대안 중에서 하나를 고를 때 하나는 들어 본 적이 있고, 다른 하나는 들어 본 적이 없다면 들어 본 적이 있는 대안을 고르는 어림법이다. 골드스타인과 기거렌저(Goldstein & Gigerenzer, 2002)는 미국 대학생과 독일 대학생에게 미국 도시명 두 개나 독일 도시명 두 개를 주고 두 도시 중 어느 도시가 더 큰 도시인지 판단하게 하였다. 놀랍게도 미국 도시에 대해서는 독일 대학생이 더 잘 판단하였고, 독일 도시에 대해서는 미국 대학생이 더 잘 판단하였다. 다른 나라의 도시들에 대해서는 판단해야 할 때는 그 도시들에 대해 아는 것이 없기 때문에 재인 어림법을 사용했지만, 자기가 사는 나라의 도시들에 대해서는 이런 저런 정보들을 고려하다 보니 오히려 부정확한 판단을 하게 된 것으로 해석된다.

1/N 어림법(1/N heuristics)은 주식 투자를 할 때 사용하는 것으로 제

안된 어림법으로, 규범모형이 제안하는 것처럼 여러 대상의 효용을 계산한 다음 그에 비례해서 투자하는 것이 아니라 이전의 기록을 토대로 유망한 주식을 몇 개 선정한 다음 이들 주식에 고르게 투자하는 어림법이다. 잘 알다시피 주식 가치는 우리가 예상할 수 없는 외생 변수들(예, 전쟁, 천재지변 등)의 영향을 받기 때문에 이전 성과를 토대로 세밀하게 분석을 한다 해도 결과를 정확하게 예측할 수가 없다. 따라서 일반적으로 성공 가능성이 높은 몇 개의 주식에 고르게 투자하는 것이 노력도 줄이고 투자 결과도 더 좋을 것으로 예상할 수 있다.

2) 지각된 확률과 지각된 가치

(1) 전망 이론

앞에서 다룬 어림법들은 전통적인 경제학에서 가정하는 확률과 효용의 성질에 대해서는 의문을 제기하지 않았다. 경제학의 전통적인 의사결정 이론에서는 손실과 이익은 전체 재산에 비추어서 판단되며, 손실과 이익의 가치는 같은 것으로 가정하였다. 또 베르누이(Bernoulli) 이후로 한계효용 체감도 가정하였다. 한편, 확률에 대해서는 지각된 확률은 객관적 확률의 선형 함수로 가정하였다. 즉, 두 객관적 확률의 차이값이 같으면 확률의 모든 범위에서 같은 차이로 지각되는 것으로 가정하였다. 그러니까 .05와 .10의 차이는 .55와 .60의 차이와 같은 크기로 지각된다는 것이다.

그러나 게임을 이용한 연구에서도 전통적인 경제학이 가정하는 효용이나 확률로는 설명할 수 없는 현상들이 많이 보고되었다. 전통적인 경제학에서는 이득과 손실의 효용을 같은 것으로 가정하는데, 사람들은 이득과 손실에서 선호를 판단하는 방식이 다르다는 점도 그중 하나이다. 예를 들어, 25%의 확률로 6,000을 받는 게임 1(1에서 100까지의 숫자 중에서 1에서 25가 뽑히면 6,000의 보너스를 받고 26 이상의 숫자가 나오면 보너스가 없는 게임)과 각기 25%의 확률로 4,000과 2,000을 받는 게임 2(1에서 100까지의 숫자 중에서 1에서 25가 뽑히면 4,000의 보너스, 26에서 50이 뽑히면 2,000의 보너스, 51 이상의 숫자가 나오면 보너스가 없는 게임) 중에서 하나를 고르라고 하면 게임 2를 고르는 비율이 훨씬 높다. 그러나 확률은 게임 1, 게임 2와 같은데, 보너스가 아니라 감점을 받는 게임으로 게임 3과 게임 4를 구성해서 하나를 고르게 하면 그때는 게임 3을 훨씬 더 많이 고른다. 전통적인 방식으로 기댓값을 계산하면 게임 1과 게임 2의 기댓값이 같고, 게임 3과 게임 4의 기댓값이 같다. 그러나 사람들은 보너스를 받는 게임에서는 보너스 액수는 작지만 보너스를 받을 확률이 높은 게임 2를 선호하고, 벌점을 받는 게임에서는 벌점은 크지만 벌점을 받을 확률이 낮은 게임 3을 선호했다. 또 사람들이 확률을 이해하는 방식도 전통적인 경제학이 가정하는 것과 다른 특징을 보여 준다. 사람들은 기댓값은 크지만 결과가 발생할 가능성이 확률적인 게임보다 기댓값이 작더라도 확실하게 결과가 발생하는 게임을 선호한다.

이런 현상들을 설명하기 위해 카너먼과 트버스키(Kahneman & Tversky, 1979)는 사람들이 지각하는 가치와 확률의 특징을 반영하는

전망 이론(Prospect theory)을 제안하였다. 가치와 관련해서는 이득이
나 손실은 전체 재산에 비추어 판단하는 것이 아니라 참조점을 기준
으로 판단되며, 이득과 손실은 같은 정도로 받아들여지는 것이 아니
라 이득보다 손실에 대해 더 민감하다고 제안하였다. 아울러 한계효
용 체감도 전망 이론에 포함시켰다. 확률과 관련해서는 객관적 확률
과 지각된 확률을 선형 함수로 보지 않는다. 이제 전망 이론에서 제안
하는 가치와 확률에 대해 알아보자.

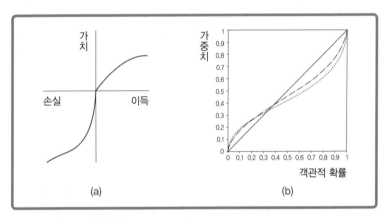

[그림 4-1] 전망 이론의 (a) 가치함수와 (b) 가중함수

① 가치함수

먼저 가치에 대해 알아보자. 전망 이론에서는 방금 말한 특징들을
가치함수 곡선으로 표현했는데, [그림 4-1]을 보면 두 가지 특징을 알
수 있다. 첫째, 이익과 손실 모두 기울기가 완만해지는데 이것은 한계
효용 체감을 의미한다. 즉, 부적 증가함수다. 다시 말해 600의 가치는
200의 가치의 세 배보다는 작다는 것이다. 손실에서도 마찬가지다.

둘째, 그림에서 보면 손실의 기울기가 이익의 기울기보다 큰데 이는
사람들이 손실을 혐오하는 손실혐오(loss aversion)를 반영한다. 그러
니까 100을 얻을 때의 가치보다 100을 잃을 때의 가치가 더 크다는 것
을 의미한다. 가치함수 그림에 표현되지는 않았지만 가치와 관련해
서 중요한 세 번째 가정은 전체 재산을 기준으로 판단하는 것이 아니
라 참조점을 기준으로 이득과 손실을 판단한다는 부분이다. 이 세 가
지 특징에 대해 알아보자.

• 한계효용 체감

첫 번째 특징인 한계효용 체감(diminishing marginal utility)은 베르
누이가 처음 제안한 이후 전통적인 경제학에서도 받아들이는 가정
으로, 효용은 절대 액수의 선형함수가 아니라 액수가 늘어나면 효용
의 증가폭이 줄어드는 부적 증가함수라는 의미다. 효용이 선형함수
라면 효용의 증가폭은 같아야 한다. 그러니까 1,000의 효용은 500의
효용의 두 배여야 한다. 그러나 1,000의 효용은 500의 효용의 두 배
보다는 작다. 앞서 예로 들었던 게임 1과 게임 2에서 하나를 선택하
는 문제에서 사람들이 보인 행동은 한계효용 체감으로 잘 설명된다.
2,000, 4,000, 6,000의 효용을 각각 u(2,000), u(4,000), u(6,000)이라고
하면 게임 1의 효용은 $.25 \times u(6,000)$이 되고, 게임 2의 효용은 $.25 \times$
$u(2,000) + .25 \times u(4,000) = .25 \times [u(2,000) + u(4,000)]$이 된다. 그런데
한계효용 체감 원리에 따르면 u(6,000)은 u(2,000)의 3배보다 작고,
u(6,000)은 u(4,000)의 1.5배보다 작다. 따라서 게임 1의 효용은 게

임 2의 효용보다 작다. 손실 문제인 게임 3과 게임 4의 효용도 같은
방식으로 계산할 수 있는데, u(-6,000)의 절댓값은 u(-2,000)의 절
댓값의 3배보다 작고, u(-4,000)의 절댓값의 1.5배보다 작다. 따라서
손실 문제에서는 게임 3이 게임 4보다 효용이 크다. 그러니까 이익인
게임 1과 게임 2에서는 이익을 분리한 게임 2의 효용이 더 크고, 손실
인 게임 3과 게임 4에서는 손실을 통합한 게임 3의 효용이 더 컸다.
마케팅에서 사용하는 "이익은 분리하고 손실은 통합하라."는 표현은
한계효용 체감을 이용한 가이드라인이다.

• 손실혐오

사람들이 이득보다 손실에 더 민감한 것을 카너먼과 트버스키는
손실혐오라 불렀는데, 이를 보여 주는 대표적인 현상이 기득권 효과
(endowment effect)다. 한 실험에서는 대학생을 두 집단으로 나누어
한 집단에게는 커피잔을 주고 다른 집단에게는 커피잔을 주지 않았
다. 그리고 나서 커피잔을 준 학생들에게는 최소한 얼마를 받아야 커
피잔을 팔 것인지 최소 매도가를 말하게 했고, 커피잔을 주지 않은 학
생들에게는 그 커피잔을 사려면 최대한 얼마까지 지불할 용의가 있는
지 최대 매수가를 말하게 했다. 같은 커피잔이니까 최소 매도가와 최
대 매수가는 비슷해야 한다. 그러나 놀랍게도 최소 매도가가 최대 매
수가의 두 배 정도 높았다. 최소 매도가와 최대 매수가의 차이는 다
른 연구에서도 비교적 일관되게 관찰되었다. 이들은 이렇게 매도가
와 매수가가 차이가 나는 이유는 갖고 있는 물건을 파는 것은 손실로

받아들여지는 데 반해 물건을 사는 것은 이득으로 받아들이기 때문이라고 설명하였다. 그리고 최소 매도가와 최대 매수가는 각각 지각한 손실이나 지각한 이득을 그에 상응하는 액수로 표현한 것이므로 최소 매도가가 최대 매수가의 두 배 정도 크다는 것은 사람들이 이득보다 손실을 훨씬 더 민감하게 받아들인다는 것을 보여 주는 것이다.

• 참조점

전체 재산이 아니라 참조점을 기준으로 이득과 손실을 판단한다는 가정은 심적 계정(mental account) 현상을 통해 잘 드러난다. 심적 계정 설명에 따르면 우리는 마음에 여러 개의 계정을 가지고 있으며, 이득이나 손실은 계정별로 계산된다고 본다. 심적 계정의 존재를 잘 보여 주는 예가 공연 입장권 문제다. 한 연구에서는 어떤 사람들에게는 20불을 주고 공연 입장권을 샀는데 공연장에 와서 입장권이 없어진 것을 발견했다고 이야기하고, 다른 사람들에게는 입장권을 사려고 주머니에 20불을 따로 챙겨 왔는데, 공연장에 와서 그 돈이 없어진 것을 발견했다고 이야기하였다. 그리고 사람들에게 공연을 보기 위해 현장에서 입장권을 사겠는지 물어보았다. 입장권을 잃어버렸건, 돈을 잃어버렸건 간에 20불은 이미 잃어버린 것이고, 또 공연을 보려면 입장권을 사야 하니까 두 집단의 반응은 비슷해야 한다. 그런데 돈을 잃어버린 이야기를 들은 사람들보다 입장권을 예매했던 이야기를 들은 사람들이 다시 입장권을 사겠다는 비율이 낮았다(Arkes & Blumer, 1985). 이를 설명하기 위해 제기된 설명 중의 하나는 돈과 입장권이 각기 다른 계정이기 때문이라는 것이다. 사람들은 같은 것을 사는 데 돈을 두 번 지불하는 것은 낭비라고 생각하는데, 두 경우에 낭비라고 느끼는 정도가 다르다는 것이다. 돈을 잃어버린 경우에는 입장권이라는 새로운 계정에 돈을 지불하는 것이라서 낭비라는 생각이 별로 들지 않지만, 입장권을 잃어버린 경우에는 입장권이라는 계정에서 이미 한 번 돈이 지불되었기 때문에 입장권을 사기 위해 다시 돈을 지불하는 것은 낭비라고 받아들여진다는 것이다.

　참조점을 기준으로 이득과 손실을 판단한다는 것을 보여 주는 또 다른 예는 5불 할인 문제다. 한 실험에서 어떤 학생들에게는 정상가가 25불인 계산기가 있는데 차로 10분 정도 떨어진 쇼핑몰에 가면 5불 할인된 20불에 살 수 있다고 알려 준 다음, 할인가에 계산기를 사기 위해 쇼핑몰에 갈 생각이 있는지 물었다. 다른 학생들에게는 정상가가 125불인 재킷이 있는데 차로 10분 정도 떨어진 쇼핑몰에 가면 5불 할인된 120불에 살 수 있다고 알려 준 다음, 할인가에 재킷을 사기 위해 쇼핑몰에 갈 생각이 있는지 물었다. 전체 재산을 기준으로 이득과 손실을 판단한다는 전통적인 경제학의 가정에 따르면 둘 다 5불을 할인받는 것이라서 쇼핑몰에 가겠다고 답하는 학생의 비율이 비슷해야 한다. 그러나 쇼핑몰에 가겠다고 답하는 학생의 비율은 재킷 문제를 받은 학생들보다 계산기 문제를 받은 학생들에서 훨씬 높았다. 이 행동은 절대 액수가 아니라 기준가에 비교했을 때 할인액의 비율이 얼마나 되는지를 생각해 보면 쉽게 이해할 수 있다. 계산기의 경우에는 할인율이 무려 20%이지만 재킷의 경우에는 할인율이 단지

4%에 지나지 않는다. 이 결과는 사람들이 참조점을 기준으로 이득과 손실을 판단한다는 전망 이론의 가정을 지지하는 것이다.

② 가중함수

전망 이론에서 제안하는 확률의 특징에 대해 알아보자. 앞서 말한 대로 전통적인 경제학 이론에서는 지각된 확률은 객관적 확률의 선형함수로 가정하였다. 그러나 전망 이론에서는 확률이 작을 때에는 과다 지각하지만, 확률이 클 때에는 과소 지각하는 특징을 지닌다고 제안하고, 이를 가중함수(weighting function)라 불렀다. 가중함수를 [그림 4-1]의 (b)에 제시하였는데, 이 그림에서 보면 0과 0.01, 그리고 0.99와 1.00 사이에는 점선이 연결되지 않은 것을 볼 수 있다. 이는 확실한 사건은 확률적인 사건과 다르다는 것을 보여 준다. 두 개의 게임 중에서 어느 것을 택할지를 다룬 네 개의 문제를 통해 이를 알아보도록 하자(Kahneman & Tversky, 1979).

〈표 4-3〉 카너먼과 트버스키(1979) 연구에서 사용한 게임 예

문제	게임 1	게임 2	게임 1 선택률
1	.80, 4,000	**1.00, 3,000**	20%
2	**.20, 4,000**	.25, 3,000	65%
3	**.90, 3,000**	.45, 6,000	87%
4	.002, 3,000	**.001, 6,000**	27%

* 각 게임에서 앞의 숫자는 확률, 뒤의 숫자는 보상이다. 그리고 진한 글씨는 각 문제에서 많은 사람들이 고른 게임을 의미한다.

먼저 문제 1을 보자. 문제 1에서 게임 1의 기댓값은 3,200이고 게임

2의 기댓값은 3,000이다. 전통적인 결정 이론인 효용 이론에 따르면 두 개의 게임 중에 기댓값이 큰 게임 1을 고르는 것이 합리적인 선택이다. 그러나 80%의 사람들이 게임 2를 선택했다. 이것은 기댓값 외의 다른 요인이 사람들의 결정에 영향을 미친다는 것을 의미한다.

그게 무엇일까? 사람들이 기댓값을 고려하지 않는 것일까? 문제 1의 두 게임의 확률을 1/4로 줄인 문제 2를 보면 사람들이 기댓값을 고려한다는 것을 알 수 있다. 문제 1에서는 20%의 사람만이 기댓값이 큰 게임 1을 골랐지만 문제 2에서는 65%의 사람들이 기댓값이 큰 게임 1을 선택했다. 문제 1과 문제 2는 확률의 절댓값만 다른데 사람들이 반대되는 선택을 했다는 것은 확률의 크기가 원인일 가능성을 강하게 시사한다. 문제 1과 문제 2에서 게임의 확률을 보면, 문제 1에서 게임 2의 확률이 1.00이라는 점이 시선을 끈다. 기댓값이 작아도 확률이 1.00인 대안, 즉 확실한 대안을 선호하는 것을 프랑스 수학자 알레(Allai, 1953)가 처음 보고했고, 이를 기념하는 의미에서 문제 1과 문제 2에서의 역설적인 선택을 알레의 역설(Allais paradox)이라 부른다. 그리고 기댓값이 작아도 확실한 대안을 선호하는 현상을 확실성 효과(certainty effect) 혹은 확실성 원리(sure thing principle)라 부른다.

그럼 확실성을 제외한 다른 확률들에 대해서는 객관적인 확률에 따라 선택할까? 확실성 효과가 작동하지 않게 확률이 0이나 1이 아니면서 두 게임의 기댓값이 같은 문제 3과 문제 4를 보자. 효용 이론에 따르면 이럴 경우 사람들의 선택은 반반이어야 한다. 또는 앞에서 서술한 가치함수가 작동해서 한계효용 체감이 일어난다면 문제 3과 문제

4에서 모두 게임 1을 골라야 한다. 그런데 문제 3에서는 86%의 사람들이 확률이 큰 게임 1을 선택했고, 반대로 문제 4에서는 73%의 사람들이 확률이 작은 게임 2를 선택했다. 문제 3과 문제 4 두 문제 모두 게임 1의 확률이 게임 2의 확률의 두 배로 확률의 비율은 같지만 확률의 크기가 다르다. 문제 3에서는 확률이 .90과 .45로 비교적 큰 데 반해 문제 4에서는 .002와 .001로 확률이 아주 작다. 문제 3과 문제 4에서 선택이 달랐다는 것은 확률의 크기가 선택에 영향을 미쳤다는 것인데, 이는 사람들이 지각하는 확률은 객관적인 확률과 다르다는 것을 시사한다. 즉, 확률이 클 때에는 두 확률의 비율보다 차이를 작게 지각하고 확률이 작을 때에는 두 확률의 비율보다 차이를 크게 지각하는 경향이 있음을 시사한다. 이것이 가중함수 그림에서 지각하는 확률과 객관적인 확률에 교차가 일어나는 것으로 표현되어 있다.

사람들의 확률 판단에서 나타나는 또 하나의 특징은 사람들이 확률적인 경우에도 애매한 것보다 확률이 확실한 것을 선호한다는 것이다. 이를 엘스버그의 역설(Ellsberg paradox)이 잘 보여 준다(Ellsberg, 1961). 사람들에게 주머니에 90개의 공이 있는데, 그중 30개는 빨간 공이고, 나머지 60개는 검은 공이거나 노란 공이며, 어떤 공이 나오느냐에 따라 다음과 같이 돈을 받는다고 알려 주었다. 그리고 다음 두 개의 게임 중에서 어떤 것을 하겠는지 고르게 하였다. 조건 A에서는 '빨간 공이면 1,000원을 받고, 다른 공이면 아무것도 받지 않는다'는 게임 1과 '검은 공이면 1,000원을 받고, 다른 공이면 아무것도 받지 않는다'는 게임 2 중에서 고르게 하였다. 이때는 사람들이 게임 1을 선호했다. 조건 B에서는 '빨간 공이나 노란 공이면 1,000원을 받고, 검은 공이면 아무것도 받지 않는다'는 게임 3과 '검은 공이나 노란 공이면 1,000원을 받고, 빨간 공이면 아무 것도 받지 않는다'는 게임 4 중에서 고르게 했다. 조건 A의 게임 1과 게임 2에서 돈을 받는 경우에 노란 공인 경우를 추가한 것이 조건 B이다. 따라서 조건 A와 조건 B의 선택은 같아야 한다. 그러나 조건 B에서는 게임 4를 선호했다. 엘스버그는 사람들은 돈을 받는 조건이 명확한 것을 선호하기 때문에 이런 결과가 나온 것으로 해석했다. 즉, 조건 A의 게임 1과 조건 B의 게임 4에서는 돈을 받을 확률이 각기 1/3과 2/3로 명확하다. 그러나 조건 A의 게임 2와 조건 B의 게임 3에서는 돈을 받을 확률이 각기 0과 2/3 사이, 혹은 1/3과 1 사이로 애매하다. 이런 현상을 전통적인 효용 이론에서는 설명할 수 없다.

(2) 전망 이론과 규범 이론 비교

지금까지 전망 이론의 중요한 가정들에 대해 알아보았다. 그럼 전망 이론은 전통적인 효용 이론보다 더 많은 현상을 설명하는가? 지금까지 연구된 결과를 보면 전망 이론은 전통적인 효용 이론이 설명하지 못하는 현상들을 잘 설명하는 것으로 보인다.

효용 이론으로 대표되는 규범 이론에서는 사람들의 선호는 이행적이고, 독립적이라고 가정한다. 이행적(transitive)이라는 것은 선호에는 순서가 있으며, 그 순위는 비교 대상이 달라져도 유지된다는 가정이다. 예를 들어, A를 B보다 선호하고, B를 C보다, 그리고 C를 D보다 선호한다면 A와 D를 주고 하나를 고르게 하면 A를 고른다는 것이 이행적이라는 의미다. 곧이어 서술하겠지만 선호 이행성은 지켜지지 않는 경우가 많다. 독립적(independent)이라는 의미는 선호를 판단해야 하는 두 대상에 같은 정보가 추가되거나 삭제되어도 선호는 변하지 않는다는 것이다.

카너먼과 트버스키(1979)는 규범 이론의 이런 가정을 선호를 측정하는 절차가 달라져도 선호는 일관되어야 한다는 절차 불변성(procedure invariance), 판단해야 하는 대상을 어떻게 서술하든 선호는 일관되어야 한다는 기술 불변성(description invariance), 그리고 선호를 판단해야 하는 두 대상에 같은 정보가 추가되거나 삭제되어도 선호는 일관되어야 한다는 맥락 불변성(context invariance)의 세 가지로 상세화하면서, 전망 이론은 이 세 가지 불변성이 위배되는 현상들을 설명할 수 있다고 주장하였다.

① 선호 비이행성

먼저 선호는 이행적이지 않을 수도 있다는 선호 비이행성(preference intransitivity)에 대해 알아보자. 트버스키(1969)는 〈표 4-4〉와 같은 다섯 명의 가상의 지원자에 대한 정보를 주고 대학교의 입학 사정관이라면 누구를 선발하겠는지 답하라고 하였다.

이 연구에서 한 조건의 참가자들에게는 A와 B, B와 C, C와 D, 그리고 D와 E 중에서 누구를 선발하겠냐고 물었는데, 많은 사람이 B보다 A를, C보다 B를, D보다 C를, 그리고 E보다 D를 선발하겠다고 답했

〈표 4-4〉 트버스키(1969) 연구에서 사용한 지원자 정보 예

지원자	속성		
	지능	정서적 안정성	사회성
A	69	84	75
B	72	78	65
C	75	72	55
D	78	66	45
E	81	60	35

다. 그러니까 부등호로 표시하면 A > B > C > D > E로 선호를 답했
다. 선호가 이행적이라면 A와 E 중에서 누구를 선발하겠느냐고 물으
면 A라고 답해야 한다. 그런데 다른 참가자들에게 A와 E 중에서 누구
를 선발하겠느냐고 물었더니 그들은 E를 선발하겠다고 답했다.

　이런 선호 비이행성이 나타난 이유는 누구와 누구를 비교하느냐에
따라 속성들의 중요도가 달라지기 때문이다. 예를 들어, A와 B 중에
서 고르게 할 때에는 지능의 차이보다 정서적 안정성이나 사회성의
차이가 더 크게 부각되었을 수 있다. 그러나 A와 E 중에서 고르게 할
경우에는 정서적 안정성이나 사회성의 차이보다 지능의 차이가 더 크
게 부각되었을 수 있다. 이 예는 사람들이 선택을 할 때 속성들의 중
요도는 일정한 것이 아니라 선택해야 하는 상황과의 관련성, 대상 후
보들 간의 변별력의 정도 등에 따라 달라진다는 것을 보여 준다.

② 선호 역전
　절차 불변성을 위반하는 대표적인 현상은 선호 역전(preference

reversal) 현상이다. 리히텐슈타인과 슬로빅(Lichtenstein & Slovic, 1971)
은 확률은 높지만 보상이 적은 게임(P 후보)과 확률은 낮지만 보상이
큰 게임($ 후보)을 주고 두 가지 방식으로 선호를 물었다. 한 조건의
참가자들에게는 두 개의 게임 중에서 어느 게임을 할지 고르게 했고
(선택 조건), 다른 조건의 참가자들에게는 각 게임을 하려면 어느 정도
판돈을 걸지 액수로 답하게 했다(가격 조건). 결과는 선호를 묻는 방식
에 따라 반대로 나타났다. 선택 조건에서는 확률이 높은 P 후보를 고
른 참가자들이 많았으나, 가격 조건에서는 보상이 큰 $ 후보에 판돈
을 많이 걸었다. 선호가 안정적이라면 둘 중 하나를 고르게 하건 판돈
을 걸게 하건 같은 결과가 나와야 하는데, 선호를 표현하는 절차에 따
라 선호가 뒤바뀌는 역전 현상을 보였다. 많은 연구자는 선호를 표현
하는 방식과 부합되는 정보가 더 큰 영향을 미치기 때문에 선호 역전
현상이 일어난 것으로 본다. 선택 조건에서는 확률과 보상 액수의 부
합 정도가 별 차이가 없다. 그러나 가격 조건에서는 확률보다 보상 액
수라는 정보의 부합 정도가 크다고 지각되어 역전 현상이 일어난 것
으로 설명하고 있다.

③ 틀 효과

기술 불변성을 위반하는 대표적인 현상은 틀 효과(framing effect)
다. 틀 효과란 문제를 어떻게 기술하느냐에 따라 문제를 이해하는 틀
이 달라져서 선택 결과가 달라지는 것을 가리키는데, 아시아 질병 문
제가 널리 알려진 예다(Tversky & Kahneman, 1981). 이 연구에서는 새

로운 질병이 퍼졌는데 그냥 두면 600명이 이 질병으로 사망할 것으로 예상되어서 두 가지 약을 개발했지만, 비용 때문에 하나만 사용할 수 있다고 상황을 알려 준 다음, 두 가지 약에 대해 설명하고 선택하게 했다. 실험에서는 두 가지 조건이 있었다. 사는 조건에서는 두 약을 대안 1과 대안 2로 설명하고 선택하게 했다.

> 대안 1: 확실히 200명이 산다.
> 대안 2: 1/3의 확률로는 600명이 살고, 2/3의 확률로는 0명이 산다.

죽는 조건에서는 두 약을 대안 3과 대안 4로 설명하고 선택하게 했다.

> 대안 3: 확실히 400명이 죽는다.
> 대안 4: 1/3의 확률로는 0명이 죽고, 2/3의 확률로는 600명이 죽는다.

참고로 모든 대안의 기댓값은 '200명이 살고 400명이 죽는다'로 같다. 따라서 효용 이론에 따르면 대안 1과 대안 2, 그리고 대안 3과 대안 4를 같은 정도로 선택해야 한다. 그런데 대안 1과 대안 3은 확실한 대안이고, 대안 2와 대안 4는 확률적인 대안이다. 앞에서 서술했던 알레의 역설에 따르면 확실한 대안인 대안 1과 대안 3을 선택해야 한다. 사람들의 선택은 사는 조건이냐 죽는 조건이냐에 따라 달랐다. 사는 조건에서는 72%가 확실한 대안인 대안 1을 선택했지만, 죽는 조건에서는 78%가 확률적인 대안인 대안 4를 선택했다. 이 결과를 토대로 트버스키와 카너먼은 사람들은 이득에서는 위험을 피하고(risk aversion) 손실에서는 위험을 추구하는(risk seeking) 경향이 있다고 제안하였다.

틀 효과는 한계효용 체감 원리로 잘 설명할 수 있다. 질병 문제에 맞추어 그린 가치함수 곡선을 보자. 이득 틀이 작동하는 조건인 사는 조건에서는 $1/3 \times u(600) < u(200)$이다. 즉, 확실하게 200명이 사는 대안 1의 효용이 1/3의 확률로 600명이 사는 대안 2의 효용보다 크다. 그러니까 이득 틀에서 사람들은 합리적인 선택을 했다. 손실 틀이 작동하는 조건인 죽는 조건에서는 $2/3 \times u(-600) > u(-400)$이다. 즉, 2/3의 확률로 600명이 죽는 대안 4의 효용이 확실하게 400명이 죽는 대안 3의 효용보다 크다. 그러니까 손실 틀에서도 사람들은 합리적인 선택을 했다.

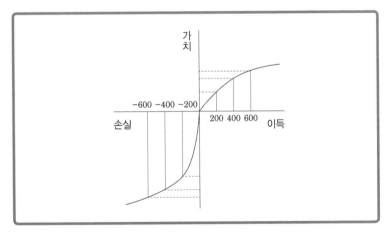

[그림 4-2] 아시아 질병 문제를 설명하기 위한 가치함수

④ 유인 효과와 타협 효과

맥락 불변성을 위반하는 대표적인 현상으로 유인 효과(attraction

effect)와 타협 효과(compromise effect)를 들 수 있다. 유인 효과와 타
협 효과는 선호를 가릴 수 없는 두 개의 대안이 있는 상황에 어떤 대
안이 추가되느냐에 따라 사람들의 선택이 달라지는 것을 보여 주는
것으로, 이 두 효과는 새로운 대안이 추가되어도 두 대안 간의 선호는
유지되어야 한다는 맥락 불변성을 위반한다.

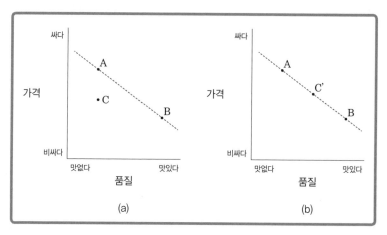

[그림 4-3] (a) 유인 효과와 (b) 타협 효과

그림에서 대각선이 원점에서 멀수록 선호가 강하며, 같은 대각선상에 있는 점들은 선호가 같다.

　유인 효과는 두 대안 중 하나의 대안에 대해 비대칭적 지배관계
(asymmetric dominance)인 대안이 추가될 때 나타나는 현상을 가리킨
다. [그림 4-3]을 보자. A와 B는 가격과 맛에서 매력적인 정도가 반대
라서 A와 B 둘만 주고 고르게 하면 선호가 반반으로 갈린다. 그런데
여기에 A와 맛은 같지만 가격이 더 비싼 C를 추가해서 셋 중에 하나
를 고르게 하면 사람들이 A를 고르는 비율이 크게 늘어난다. 이를 유
인 효과라 부른다. 이 경우 A는 C에 대해 지배적인 관계가 되기 때문

에 사람들이 A를 고를 이유가 생기고 그 결과 사람들은 B보다 A를 많이 선택하게 된다. 그러니까 두 대안 중 하나에 대해 지배를 당하는 관계인 제3의 대안이 추가되면 지배적인 대안 쪽으로 반응이 쏠리게 되는 것이다.

타협 효과는 A, B 두 대안 각각에 대해 한 속성에서는 우세하고 다른 속성에서는 열세인, 즉 두 대안의 중간 정도에 위치하는, 대안 C'을 추가해서 셋 중 하나를 고르라고 하면 C'를 많이 고르는 현상을 가리킨다. 그러니까 사람들은 극단적인 A나 B 중 하나를 고르는 대신 둘의 타협안에 해당하는 C'를 고르는 것이다. 앞서 알레의 역설을 서술할 때 사용했던 문제 1과 2도 맥락 불변성을 보여 주는 예로 생각할 수 있다. 사람들이 확률적인 경우에도 애매한 것보다 확률이 확실한 것을 선호한다는 엘스버그의 역설도 맥락 불변성을 위반하는 예로 생각할 수 있다.

(3) 평가용이성

전통적인 의사결정 이론에서는 선호는 비교적 안정적이라고 가정한다. 이는 속성들의 의미나 중요성이 비교적 일정하게 유지된다고 가정하기 때문에 가능하다. 그러나 속성의 의미나 중요성은 평가 대상이나 평가 상황에 따라 달라질 수 있다. 앞에서 살펴보았던 선호 비이행성은 평가 대상이 무엇이냐에 따라 속성들의 중요성이 달라질 수 있다는 것을 보여 주었다. 시(Hsee, 1996)는 하나의 대상만 평가하느냐 (단독 평가, separate evaluation) 아니면 두 개 이상의 대상을 같이 평

가하느냐(공동 평가, joint evaluation)는 평가 상황에 따라서도 판단이
달라질 수 있다는 것을 보여 주었다.

시는 참가자들에게 음악 사전에 수록된 표제어의 수와 사전의 보
관 상태에 대한 정보를 주고 그 사전을 얼마에 사겠는지 답하게 하였
다. A 사전은 표제어가 10,000개이고 보관 상태가 좋았고, B 사전은
표제어가 20,000개이고 보관 상태가 좋지 않았다. 단독 평가 조건의
참가자들에게는 두 사전 중 하나에 대해서만 정보를 알려 주고 가격
을 답하게 했다. 공동 평가 조건의 참가자들에게는 사전 두 개에 대한
정보를 주고 각각의 사전에 대해 가격을 답하게 했다. 놀랍게도 단독
평가 상황에서는 사전 A의 값을 더 높게 답했는 데 반해 공동 평가 상
황에서는 사전 B에 더 높은 가격을 답했다.

시는 평가용이성(evaluability)이라는 개념을 이용해서 이를 설명하
였다. 그러니까 보관 상태와 같이 그 자체로도 좋은지 나쁜지 쉽게 평
가할 수 있는 속성은 평가용이성이 높아서 단독 평가 상황에서도 유
용하게 사용된다. 반면에 사전의 표제어 수와 같은 속성은 전문가가
아니면 그 자체로는 좋은지 나쁜지 평가하기 어려운 속성이어서 평가
용이성이 낮은 속성이다. 그렇지만 두 개 이상의 대상을 같이 평가하
는 공동 평가 상황이 되면 상대적인 정보가 만들어져서 평가용이성이
낮은 속성의 평가용이성이 증가하게 된다. 그러니까 평가용이성이
높은 속성은 단독 평가 상황과 공동 평가 상황에서 평가용이성이 달
라질 게 별로 없지만, 평가용이성이 낮은 속성은 단독 평가 상황에 비
해 공동 평가 상황에서 평가용이성이 증가하게 되고 그 결과로 평가

에 미치는 영향이 커지게 된다. 그러다 보니 평가용이성이 높은 속성에서는 낮은 값을 갖지만 평가용이성이 낮은 속성에서 좋은 값을 갖는 제품은 단독 평가 상황에서의 평가와 공동 평가 상황에서의 평가 간에 차이가 크게 나타나게 되어 때로는 평가 상황에 따라 선호 역전이 일어나게 된다.

고급 오디오와 같은 고가의 전문 제품일 경우 평가용이성이 낮은 속성들을 많이 갖고 있어서 단독 평가와 공동 평가 간에 선호의 역전이 일어날 가능성이 많을 수 있다. 전문 매장에서 여러 제품을 비교할 때는 지각되던 소리 찌그러짐과 같은 속성 때문에 비싼 제품을 구입했는데 집에서 하나의 제품만 들을 때에는 그 속성이 지각되지 않아 구매를 후회하는 일이 생길 수도 있다.

3) 효용 외의 다른 요인: 정서, 책임, 공정성

지금까지 사람들이 결정을 할 때 그 토대가 되는 지각된 가치나 지각된 확률은 전통적인 규범 이론에서 가정하는 것과 성질이 다르다는 것을 살펴보았다. 그러나 그것만으로는 사람들이 결정을 할 때 보여주는 행동들을 다 설명하지는 못한다. 왜냐하면 규범 이론이든 전망 이론이든 사람들은 효용이 가장 큰 대안을 선택한다고 가정하는데, 이 가정이 지켜지지 않는 경우도 있기 때문이다. 사람들이 결정을 내릴 때 효용 외의 다른 요인들이 더 큰 영향을 미치기도 한다. 이제 그런 요인들에 대해 알아보도록 한다.

(1) 과거가 발목 잡기

규범 이론이든 전망 이론이든 사람들은 효용이나 가치가 가장 큰 대안을 선택한다고 가정한다. 그러나 때로는 이전에 내린 결정이 영향을 미치기도 한다. 매몰 비용 효과가 그것을 잘 보여 준다. 매몰 비용 효과(sunk cost effect)란 시간이나 노력 또는 돈을 투자했다는 이유 때문에 손해를 보면서도 계속 투자하는 것을 가리킨다(Arkes & Blumer, 1985). 개발을 완료해도 결과물이 좋지 않을 것이 예상되는데도 불구하고 계속해서 막대한 개발비를 투입한 콩코드비행기 개발 사례가 대표적인 예의 하나다. 이런 비합리적인 결정을 한 이유 중의 하나는 이미 투자했다는 것이 추가 투자를 정당화한다고 생각한 측면이 있다. 주변에서 흔히 볼 수 있는 예로는 많은 돈을 들여 가며 중고차를 계속 수리하는 거라든가 재미없는 영화를 툴툴거리면서도 계속 보는 경우가 있다. 이렇게 행동하는 이유 중의 하나는 차를 팔아버리거나 중간에 영화관을 나오면 비용을 낭비했다는 생각이 들기 때문이다. 이렇게 과거에 발목이 잡혀 계속 투자할 가능성이 있을 때는 그 비용으로 더 좋은 것을 할 수 있는데, 그것을 하지 못하는 데서 비롯되는 손해를 고려하는 것도 좋은 방법 중의 하나다.

(2) 현상유지 편향

사람들은 결정을 할 때 기존의 것에 변화를 주는 것을 싫어하는

현상유지 편향(status quo bias)을 보인다. 미국에서 기존 개인 퇴직
연금 제도보다 더 유리한 개인 퇴직 연금 제도가 나왔을 때 사람들
에게 가입하고 있는 연금 제도를 계속 유지할지 아니면 새 연금 제
도로 바꿀지 선택하게 했는데, 많은 사람이 기존 제도를 고수하였다
(Samuelson & Zeckhauser, 1988). 이런 행동을 하는 이유 중의 하나는
변화가 초래하는 손실을 변화가 초래하는 이득보다 크게 지각했기
때문일 수 있다.

변화를 초래하는 행동을 하지 않는 경향이 있다는 것은 선택권을
주었을 때 사람들이 선택권을 별로 행사하지 않은 사례들에서도 잘
드러난다. 오스트리아와 네덜란드에서 사후 장기기증을 선택한 비율
자료는 선택권을 행사하지 않는 것을 더 극적으로 보여 준다. 사후 장
기기증이 기본인 오스트리아에서는 국민의 99% 이상이 사후 장기기
증을 약속했지만, 사후 기증 의사를 밝혀야 하는 네덜란드에서는 국
민의 5% 미만이 사후 기증을 약속했다. 그러니까 오스트리아의 99%
이상, 그리고 네덜란드 국민의 95% 이상이 기본 조건을 수용했다.

(3) 후회, 책임, 이유, 공정성

사람들은 결정을 할 때 결과가 나쁠 경우 얼마나 후회(regret)할 것
인지, 또는 그 결정이 자기 책임(accountability)인지와 같은 요인들의
영향을 받기도 한다. 예상되는 후회, 책임, 이유, 그리고 공정성에 대
해 알아보자.

예상되는 후회로 설명할 수 있는 아주 놀라운 행동 경향성으로 생

략 편향(omission bias)을 들 수 있다. 리토브와 배런(Ritov & Baron, 1990)은 예방접종을 하지 않아 병으로 사망할 확률이 10,000명에 10명이고, 예방접종의 부작용으로 사망할 확률이 10,000명에 5명이라고 알려 준 상황에서 적지 않은 수의 영국의 어머니들이 예방접종을 거부했다는 것을 발견하고, 이런 비상식적인 행동을 예상된 후회로 설명하였다. 이 연구자들은 사람들은 자기가 어떤 행동을 하지 않아서 나쁜 결과가 나왔을 때보다 자기가 어떤 행동을 했는데 나쁜 결과가 나왔을 때 더 후회하기 때문에 행동을 하지 않는 선택을 한다고 설명하고, 이러한 행동 경향성을 생략 편향이라고 불렀다.

두 번째로 생각해 볼 요인은 책임이다. 사람들은 투자 결과를 통보받고 추가로 투자할 경우 그 결과에 책임을 져야 하는 경우와 책임을 질 필요가 없는 경우에 따라 추가 투자를 배정하는 방식이 달랐다. 스토(Staw, 1976)는 경영 대학원 학생들을 참여자로 해서 투자 결정 실험을 했는데, 투자의 결과보다 투자 결정을 누가 했느냐가 추가 투자 배정에 큰 영향을 미치는 것을 발견하였다. 두 집단의 대학원생들에게 두 분야 중 한 분야에 1억을 투자했는데 결과가 어떠했다고 알려 준 다음, 추가로 2억을 투자한다면 어느 분야에 얼마를 투자할지 정하게 했다. 그런데 한 집단의 대학원생들에게는 처음 투자를 본인이 선택하게 했고, 다른 집단의 대학원생들에게는 처음 투자를 다른 사람이 선택했는데 사정이 생겨 이어받은 것이라고 알려 주었다. 처음 선택을 다른 사람이 해서 결과에 책임을 질 필요가 없는 경우에는 결과에 상관없이 기존 사업보다 새로운 사업에 조금 더 많이 배정하

였다. 그러나 자기가 선택을 해서 결과에 책임이 있는 경우에는 결과
에 따라 배정하는 방식이 달랐다. 결과가 좋았다는 통고를 받은 경우
에는 기존 투자보다 새 사업에 조금 더 많이 배정했지만, 결과가 나쁘
다고 통고받은 경우에는 새 사업보다 성과가 안 좋았던 기존 투자 분
야에 더 많이 투자하는 결정을 내렸다. 이를 몰입 상승(escalation of
commitment)이라 한다. 결과에 대해 책임질 경우에 비합리적인 것처
럼 보이는 결정을 하는 이유 중에는 후회도 포함될 수 있다. 결과가
나쁘면 사람들은 후회를 하는데, 그런 결과가 나온 책임이 자기에게
있을 때 사람들은 후회를 더 많이 한다.

세 번째 요인은 이유다. 사람들은 결정을 내린 그럴싸한 이유가 있
을 때까지 결정을 유보하기도 한다. 트버스키와 샤퍼(Tversky & Shafir,
1992)는 대학생들에게 아주 매력적인 여행 패키지를 살 것인지 안 살
것인지를 결정하게 하는 실험을 실시하였다. 우선 모든 조건의 학생
들에게 아주 어려운 시험을 보고 그 결과를 기다리는 중이라고 알려
주고, 매력적인 여행 상품이 오늘 마감된다고 알려 주었다. 그리고 추
가 비용을 내면 결정을 하루 연기할 수 있는데, 추가 비용은 환불되
지 않는다고 알려 주었다. 이 실험에는 세 조건이 있었는데, 한 조건
에서는 합격되었다고 알려 주었고, 두 번째 조건에서는 불합격되었다
고 알려 주었다. 세 번째 조건에서는 결과가 내일 발표된다고 알려 주
었다. 합격이나 불합격을 통보받은 조건의 학생들은 이유는 달랐지
만 거의 비슷한 비율로 이 여행 상품을 사겠다는 결정을 했다. 합격한
경우에는 축하하기 위해서 여행 상품을 구입했고, 불합격한 경우에는

마음을 추스르기 위해 여행 상품을 구입했다. 그렇지만 결과를 모르는 세 번째 조건의 학생들은 추가 비용을 내고 결정을 하루 미루는 선택을 많이 했다. 그런데 이 실험에서 재미있는 결과는 결정을 미루는 선택을 한 학생들에게 결과를 알려 주고 선택하게 했더니 처음 두 조건과 비슷한 비율로 여행 상품을 사는 선택을 했고, 구입한 이유도 마찬가지였다는 점이다. 하루 후에 내린 결정이 하루 전에 내린 결정과 다른 것이 없다는 점만 보면 쓸데없이 추가 비용을 낭비한 것으로 보이지만, 이 세 번째 조건의 학생들이 결정을 미룬 이유는 여행 상품을 사는 이유를 정할 수 없었기 때문이었다.

네 번째 요인은 공정성이다. 공정성이 결정에 영향을 미친다는 것을 잘 보여 주는 대표적인 문제가 최후통첩 게임(ultimatum game)이다. 최후통첩 게임에는 두 명이 참여하는데, 한 명은 제안자 역할을 하고 다른 한 명은 수용자 역할을 한다. 이 게임에서는 제안자가 총액을 제안자와 수용자가 어떤 비율로 나눌지(예, 제안자 7, 수용자 3) 제안하면 수용자는 그 제안을 수용할지 거부할지 결정하는 게임이다. 이 게임의 묘미는 수용자가 제안을 받아들이면 제안자가 제안한 비율대로 둘이서 나누지만, 수용자가 제안을 거부하면 제안자와 수용자 모두 아무것도 받지 못한다는 부분이다. 효용만을 생각하면 수용자는 어떤 제안이든 수용하는 것이 이득이 된다. 그러나 수용자는 제안이 8:2 혹은 그 이상이어서 제안자가 차지하는 몫이 커지게 되면 제안을 거부하는 행동을 보인다. 즉, 배분이 공정하지 못하다고 생각되면 아무도 이득을 얻지 못하는 비합리적인 선택을 한다. 그런데 산폐

이, 릴링, 아론슨, 니스트롬과 코헨(Sanfey, Rilling, Aronson, Nystrom, & Cohen, 2003)이 보고한 연구에서는 제안자가 사람일 경우에는 제안자가 8 : 2 혹은 이보다 더 일방적인 제안을 하면 제안을 거부하는 선택을 많이 하지만, 제안자가 컴퓨터라고 알려 준 조건에서는 8 : 2나 9 : 1인 경우에도 제안을 수용하는 선택을 했다. 그러니까 상대가 사람일 경우에는 공정하냐가 큰 영향을 미치지만, 상대가 사람이 아닌 경우에는 효용을 고려하는 선택을 한다는 것을 보여 주었다.

(4) 우발적인 정서

지금까지 살펴본 후회, 책임, 이유, 공정성 등은 결정을 하는 사람이 자각할 수 있는 선택 이유다. 그리고 다른 사람들도 그 사람이 왜 그렇게 결정했는지 나름대로 수긍할 수 있는 경우다. 그러나 결정을 하는 사람도 자기가 왜 그런 결정을 하는지 자각하지 못하고 주위 사람들도 쉽게 이해하지 못하지만 결정에 영향을 미치는 요인이 있다. 결정할 내용과 전혀 무관한 우발적인 정서가 그런 요인의 하나다.

우발적인 정서가 결정에 영향을 미친다는 것을 보여 주는 연구가 많은데, 고전적인 연구를 하나 보자. 보어 등(Bower et al., 1994)은 면접을 시작하기 전에 면접관들에게 좋은 뉴스나 안 좋은 뉴스를 알려 주었다. 그리고 나서 피면접자들을 면접하게 했다. 놀랍게도 좋은 뉴스를 들었던 면접관들은 피면접자들을 긍정적으로 평가했고, 반대로 안 좋은 뉴스를 들었던 면접관들은 피면접자들을 덜 긍정적으로 평가했다.

최근 연구들을 보면 우발적 정서는 정서 상태별로 정보처리 방식이 다를 수 있다는 것을 보여 준다. 예를 들어, 부정적인 정서 상태일 때는 꼼꼼하게 정보처리를 하는 반면, 긍정적인 정서 상태에서는 직관적인 정보처리를 한다는 주장을 하는 연구자도 있는데, 최근 연구들은 정서 상태별로 주의, 기억, 결정 등 인지 처리의 여러 측면에서 정보처리 방식이 다를 수 있다고 제안하고 있다(예, de Vries, Holland, & Witteman, 2008). 이 문제는 앞으로 연구가 더 필요할 것으로 보인다.

대안의 발생확률이나 특정 범주에 속할 확률을 추정할 때 사람들은 규범모형이 제안하는 방식과 다르게 판단하기도 한다. 이를 설명하기 위해 여러 가지 어림법이 제안되었다. 특정 범주에 속하는지 등을 판단할 때 많이 사용되는 대표성 어림법, 빈도나 발생확률 등을 추정할 때 많이 사용되는 가용성 어림법, 기준값과 조정 어림법 등이 제안되었다. 이 외에 지지 이론, 위험 판단에서 사용되는 정서 어림법 등도 소개되었다.

사람들이 두 개 이상의 대안에서 하나를 고르는 결정 과정에 대해 전통적인 규범 이론에서는 사람들이 가능한 대안들의 효용을 계산해 보고 가장 효용이 큰 대안을 선택한다고 가정하였다. 그러나 사람들은 결정을 할 때에도 규범모형에서 권장하는 것과는 다른 특징을 보인다. 사람들의 행동을 설명하기 위해 여러 가지 이론이 제안되었다.

첫 번째 유형의 이론들은 작업기억의 용량이 제한되어 있어서 관련 정보 중 일부만 생성하거나 주어진 정보 중에서 일부만 사용하기 때문이라는 점을 들어 사람들의 행동을 설명하고자 하였다. 이 유형에서는 사람들이 어림법을 사용해서 결정을 내리는 것으로 설명한다. 두 번째 유형의 이론은 사람들이 사용하는 가치와 확률, 그리고 선호의 성격이 규범 이론에서 가정하는 가치와 확률, 그리고 선호의 성격과 다르기 때문으로 설명한다. 전망 이론에서는 사람들은 이득보다 손실에 더 민감하며 이득과 손실은 참조점을 기준으로 판단되고, 지각된 확률은 선형함수가 아니라는 점을 제안했다. 전망 이론에서는 선호 비이행성, 틀 효과와 같은 여러 현상을 이런 관점에서 설명하였다. 세 번째 유형의 이론은 사람들이 결정을 할 때 효용 외에 후회, 책임, 공정성 등의 요인들이 영향을 미친다고 설명한다.

INTRODUCTION
TO
PSYCHOLOGY

05_

나가며: 두 가지 사고 과정

사람들은 규범 이론에서 권장하는 것과는 다르게 추리하고 판단하고 결정을 한다. 규범 이론에서 권장하는 것과 다르게 추리하고 판단하고 결정하는 이유 중의 하나는 판단이나 결정을 내리는 작업기억 용량이 제한되어 있기 때문이다. 또 다른 이유는 사람들이 한 가지 방식이 아니라 질적으로 다른 두 가지 방식으로 사고하기 때문이다. 이 장에서는 두 가지 사고 방식을 서술하는 이중과정 이론에 대해 알아보도록 한다.

우리는 사람들이 비교적 일관되게 추리하고 판단하고 결정할 것이라고 생각한다. 그러나 실상은 그렇지 않다. 추리에 대해 서술할 때 보았듯이 사람들은 형식은 같아도 내용이 다를 경우 아주 다른 방식으로 추리했다. 범주 삼단 추리에서 보여 준 그럴싸함 효과와 조건 명제의 진위를 판단하는 데 필요한 카드를 고르게 하는 선택 과제에서 보여 준 내용 효과가 대표적인 예다. 그럴싸함 효과에 대해 다시 생각해 보자. 사람들에게 전제와 결론을 주고 타당한 추리인지 판단하게 했더니 결론이 그럴싸하면 타당하지 않은 추리를 타당한 추리라고 답하는 경향이 아주 높게 나왔지만, 결론이 그럴싸하지 않은 경우에는 타당하지 않은 추리를 타당한 추리라고 답하는 비율이 아주 낮았다. 이런 현상이 일어난다는 것은 사람들이 사고하는 방식이 한 가지가 아니라 두 가지 이상일 것이라는 생각을 지지해 준다고 볼 수 있다.

사람들이 사고하는 데에는 서로 다른 두 가지 방식이 있다고 주장하는 이론들로 다양한 모형이 제안되었는데, 이런 이론들을 총칭하여 이중과정 이론이라 한다. 심리학에서 널리 알려진 이중과정 이론으로는 어림법적 처리와 분석 처리(Wason & Evans, 1975), 어림법 처리와 체계적 처리(Chaiken, 1980), 자동 처리와 통제 처리(Shiffrin & Schneider, 1977), 중심경로 처리와 지엽경로 처리(Petty & Cacioppo, 1986), 경험 처리와 합리적 처리(Epstein, 1994), 연합 처리와 규칙 기반 처리(Sloman, 1996), system 1 사고와 system 2 사고(Kahneman & Frederick 2002; Stanovich 1999) 등이 있는데, 최근에 가장 많이 사용하는 표현은 system 1 사고와 system 2 사고다. system 1 사고와 system

2 사고의 특징을 추려 정리해 보면 〈표 5-1〉처럼 대비해 볼 수 있다.
이 표에서 알 수 있듯이 system 1 사고는 기술모형에 가까운 특징을,
system 2 사고는 규범모형적인 특징을 보여 준다.

〈표 5-1〉 system 1과 system 2의 특징

자동 시스템 (system 1)	숙고 시스템 (system 2)
통제할 수 없다	통제할 수 있다
노력이 필요 없다	노력이 요구된다
연합적이다	분석적이다
빠르다	느리다
무의식적이다	의식적이다
능숙하다	규칙을 따른다

앞에서 예로 들었던 그럴싸함 효과는 이중과정 이론으로 잘 설명
될 수 있다. 이중과정 이론은 사람들이 결론이 그럴싸한 경우에는 어
림법적인 사고, 즉 system 1 사고를 한 것이고, 결론이 그럴싸하지 않
은 경우에는 분석적인 사고, 즉 system 2 사고를 한 것으로 이 결과를
설명한다.

그럼 system 1 사고와 system 2 사고는 어떤 관계일까? 이에 대해
심리학자들은 여러 가지 방안을 제안하였다. 두 사고 체계가 병렬로
작동한다고 보는 입장도 있지만, 비교적 널리 받아들여지는 생각은
거의 자동적으로 작동하는 system 1 사고를 system 2 사고가 제압하
느냐 하지 못하느냐의 문제로 보는 입장이다(Kahneman & Frederick
2002). 두 사고 체계가 병렬로 작동한다고 보는 입장에서는 system 1

적인 답이 많이 나오는 것을 처리 속도의 차이로 설명할 수 있다. 즉, 일반적으로 system 1 사고가 system 2 사고보다 빨리 일어나기 때문에 이런 현상이 일어나는 것으로 본다. 그러나 이 입장에서는 왜, 그리고 언제 system 2 사고가 일어나는지는 만족스럽게 설명하지 못한다. 반면에 system 2 사고가 system 1 사고를 제압하는 것으로 보는 입장에서는 system 2 사고가 항상 일어나는 것이 아니라 선별적으로 일어난다고 가정하면, system 1적인 답이 많이 나오는 것과 언제 system 2 사고가 일어나는지를 모두 설명할 수 있다.

그럼 언제 system 2 사고가 일어나기 쉬울까? 결과가 본인에게 아주 중요하고 시간이 충분히 주어지면 system 2 사고를 할 가능성이 높다. 그러니까 어떤 문제가 본인에게 굉장히 중요하다고 생각되면 정확하게 처리해야 한다는 동기가 작동되어 처리 부담이 큰 system 2 사고를 할 것으로 본다. 그리고 이때 system 2 사고와 system 1 사고가 다른 답을 내놓는다면 system 2 사고가 내놓은 답을 채택할 것으로 볼 수 있다. 그러나 중요한 문제라 하더라도 시간의 부족 등의 이유로 system 2 사고를 하기 어려운 경우에는 system 1 사고의 결과를 그대로 수용할 수밖에 없게 된다.

실험실 연구에서는 질적으로 다른 두 가지 사고방식이 있다는 것을 아주 많이 관찰할 수 있었는데, 실생활에서는 어떨까? 실생활에서도 질적으로 다른 두 가지 사고방식이 작동한다는 것을 아주 잘 활용한 예가 바로 넛지(nudge)다. 탈러와 선스타인(Thaler & Sunstein, 2008)은 『넛지』라는 책을 통해 의욕적으로 추진하는 정책들이 성공하지 못하는 이유를 설명하고, 그 해결책으로 넛지를 제안하였다.

이들은 system 1 사고를 'human', system 2 사고를 'econ'이라 불렀는데, 합리적이라는 설명을 앞세우며 새 정책을 추진하는데도 성공하지 못하는 이유는 무작정 system 2 사고를 요구하기 때문이라고 주장하였다. 그러니까 사람들의 기본적인 사고방식은 human, 즉 system 1 사고인데, 익숙하지 않은 사고방식인 system 2 사고를 요구하기 때문에 새 정책이 수용되기 어렵다고 설명하였다.

그래서 이들이 제안하는 방식은 system 1 사고를 해도 system 2 사고를 한 것과 같은 결과가 얻어지게 선택 환경을 설계하라는 것, 즉 넛지를 하라는 것이다. 예를 들어, 카페테리아처럼 학생들이 음식을 고를 수 있는 상황에서 학생들에게 야채가 몸에 좋으니까 야채를 많이 먹으라는 system 2적인 방식의 캠페인을 하였다. 아쉽게도 야채를 고른 학생이 많지 않았고, 캠페인의 효과가 크지 않았다. 그러나 학생들의 손이 닿기 쉬운 곳에 야채를 배치한 경우에는 야채를 고른 학생들이 많았다. 손이 닿기 쉬운 곳에 있는 것을 고르는 것은 system 1적인 행동인데, system 1 행동을 해도 system 2 사고를 한 것과 같은 결과가 얻어지게 선택 환경을 설계하는 넛지 방식이 효과를 보인 것이다.

이중과정 이론은 우리가 실험실이나 실생활에서 관찰하는 많은 현상들을 설명할 수 있다. 여러 가지 어림법을 사용하는 것, 죽음과 같은 절대적인 가치로 해석되는 문제에서는 효용이 결정에 별 영향을 미치지 못하는 것처럼 정서가 판단이나 선택에 큰 영향을 미치는 현상들도 이중과정 이론으로 잘 설명된다. 또 일반적으로 system 2 사고는 노력이 요구되는 사고이다 보니 작업기억의 용량이 큰 사람들이 system 1적인 판단이나 선택을 적게 한다는 것도 잘 설명할 수 있다.

이중과정 이론은 일관성이 없는 것처럼 보이는 행동을 설명할 수 있다는 점에서 아주 매력적이다. 그렇지만 system 2 사고는 합리적인 사고처럼 보이고 system 1 사고는 그렇지 않은 것처럼 보이는데, system 1 사고가 기본적으로 작동하는 방식일 가능성이 높다는 점은 사람은 합리적일 것이라는 생각이 근거 없는 착각이거나 이루어질 수 없는 소망인 것처럼 보이게도 한다. 정말 사람은 우리가 생각하는 것보다 덜 합리적인 존재일까?

이 문제에 대해 에반스와 오버(Evans & Over, 2006)는 합리성도 합리성 1과 합리성 2의 두 가지로 나눌 수 있다는 절묘한 이론을 제안하였다. 합리성 1은 적응적 합리성이라고도 부르는데, 개인의 적응에 유익한 사고는 적응적 합리성을 가진다는 것으로 system 1 사고에 대응되는 합리성이라 할 수 있다. 합리성 2는 분석적 합리성으로, 논리학 등에서 다루는 합리성이 이에 해당되며 system 2 사고에 대응되는 합리성이다.

이렇게 볼 때 사람들은 분석적 사고가 필요한 경우에는 system 2 사고를 하지만 그렇지 않은 경우에는 상대적으로 처리 부담이 적은 system 1 사고를 하는 것으로 볼 수 있다. 그러니까 비용 효율적으로 작동하는 결과를 이끌어 내는 것으로 볼 수 있게 된다. 이 모든 것은 사람은 상황에 따라 융통성 있게 사고하는 복잡한 존재라는 것을 보여 주며, 언제 어떤 방식으로 사고하는지를 밝혀내는 것이 사람의 진짜 모습을 알아 가는 방법이라는 것을 시사한다.

INTRODUCTION
TO
PSYCHOLOGY

참고문헌 <<<

Ahn, W. K., Kalish, C. W., Medin, D. L., & Gelman, S. A. (1995). The role of covariation versus mechanism information in causal attribution. *Cognition, 54,* 299-352.

Allai, M. (1953). Le comportement de l'homme rationnel devant le risque: Critique des postulkates et axiome de l'ecole americaine. *Econometrica, 21,* 503-546.

Anderson, N. H. (1971). Integration theory and attitude change. *Psychological Review, 78,* 171-206.

Arkes, H. R., & Blumer, C. (1985). The psychology of sunk cost. *Organizational Behavior and Human Decision Processes, 35,* 124-150.

Baddeley, A. D. (1986). *Working memory.* Oxford: Clarendon Press.

Bower, G. H., Lazarus, R., LeDoux, J. E., Panksepp, J., Davidson, R. J., & Ekman, P. (1994). What is the relation between emotion and memory? In P. Ekman & R. J. Davidson (Eds.), *The nature of emotion: Fundamental questions* (pp. 301-318). NY: Oxford University Press.

Braine, M. D. S. (1978). On the relation between the natural logic of reasoning and standard logic. *Psychological Review, 85,* 1-21.

Chaiken, S. (1980). Heuristic versus systematic information processing and the use of source versus message cues in persuasion. *Journal of Personality and Social Psychology, 39,* 752-766.

Chapman, L. J., & Chapman, J. P. (1967). Genesis of popular but erroneous diagnostic observations. *Journal of Abnormal Psychology, 72,* 193–204.

Cheng, P. W. (1997). From covariation to causation: A causal power theory. *Psychological Review, 104,* 367–405.

Cheng, P. W., & Holyoak, K. J. (1985). Pragmatic reasoning schemas. *Cognitive Psychology, 17,* 391–416.

Cosmides, L. (1989). The logic of social exchange: has natural selection shaped how humans reason? Studies with the Wason selection task. *Cognition, 31,* 187–276.

de Vries, M., Holland, R. W., & Witteman, C. L. M. (2008). Fitting decisions: Mood and intuitive versus deliberative decision strategies. *Cognition & Emotion, 22,* 931–943.

Dickstein, L. S. (1978). The effect of figure on syllogistic reasoning. *Memory and Cognition, 6,* 76–83.

Einhorn, H. J., & Hogarth, R. M. (1986). Judging probable cause. *Psychological Bulletin, 99,* 3–19.

Ellsberg, D.(1961). Risk, ambiguity, and the savage axioms. *Quarterly Journal of Economics, 75,* 643–669.

Epstein, S. (1994). Integration of the cognitive and psychodynamic unconscious. *American Psychologist, 49,* 709–724.

Evans, J. St. B. T (2007). *Hypothetical thinking: Dual processes in reasoning and judgment.* Hove: Psychology Press.

Evans, J. St. B. T., Barston, J. L., & Pollard, P. (1983). On the conflict between logic and belief in syllogistic reasoning. *Memory and Cognition, 11,* 295–306.

Evans, J. St. B. T., Newstead, S. E., & Byrne, R. M. J. (1993). *Human reasoning: The psychology of deduction.* Hillsdale: Erlbaum

Evans, J. St. B. T., & Over, D. E. (1996). *Rationality and Reasoning.* Hove, UK: Psychology Press.

Finucane, M. L., Alhakami, A., Slovic, P., & Johnson, S. M. (2000). The affect heuristic in judgments of risks and benefits. *Journal of Behavioral Decision Making, 13,* 1-17.

Fischhoff, B., & Beyth-Marom, R. (1975). "I knew it would happen": Remembered probabilities of once-future things. *Organizational Behavior and Human Performance, 13,* 1-16.

Fischhoff, B., Slovic, P., & Lichtenstein, S. (1977). Knowing with certainty: The appropriateness of extreme confidence. *Journal of Experimental Psychology: Human Perception and Performance, 3,* 552-564.

Fugelsang, J. A., Stein, C. B., Green, A. B., & Dunbar, K. (2004). Theory and data interactions of the scientific mind: Evidence from the molecular and the cognitive laboratory. *Canadian Journal of Experimental Psychology, 58,* 86-95.

Fugelsang, J. A., & Thompson, V. A. (2003). A dual-process model of belief and evidence interactions in causal reasoning. *Memory & Cognition, 31,* 800-815.

Galotti, K. M. (2007). Decision structuring in important real-life choices. *Psychological Science, 18,* 320-325.

Gigerenzer, G. (2008). Why heuristics work. *Perspectives on Psychological Science, 3,* 20-29.

Goldstein, D. G., & Gigerenzer, G. (2002). Models of ecological rationality: The recognition heuristic. *Psychological Review, 109,* 75-90.

Green, L. A., & Mehr, D. R. (1997). What alters physicians' decisions to admit to the coronary care unit? *Journal of Family Practice, 45,* 219

-226.

Halpern, D. (2015) *Thought and knowledge* (5/e). London: Psychology Press.

Hamilton, D. L., & Rose, T. L. (1980). Illusory correlation and the maintenance of stereotypic beliefs. *Journal of Personality and Social Psychology, 39,* 832-845.

Henle, M. (1962) On the relation betweenlogic and thinking. *Psychological Review, 69,* 366-378.

Hsee, C. K. (1996) The evaluability hypothesis: An explanation of preference reversals bewtween joint and separate evaluation of alternatives. *Organizational Behavior and Human Decision Processes, 46,* 247-257.

Johnson-Laird, P. N. (1983). *Mental Models.* Cambridge, UK: Cambridge Univ. Press.

Johnson-Laird, P. N., & Bara, B. G. (1984). Syllogistic inference. *Cognition, 16,* 1-61.

Johnson-Laird, P. N. & Byrne, R. M. J. (1991). *Deduction.* Hillsdale, NJ: Erlbaum.

Johnson-Laird, P. N., Legrenzi, P., & Legrenzi, M. S. (1972) Reasoning and a sense of reality. *British Journal of Psychology, 63,* 395-400.

Kahneman, D., & Frederick, S. (2002). Representativeness revisited: Attribute substitution in intuitive judgement. In T. Gilovich, D. Griffin, & D. Kahneman (Eds.), *Heuristics and biases: The psychology of intuitive judgment* (pp. 49-81). Cambridge, UK: Cambridge Univ. Press.

Kahneman, D., & Miller, D. T. (1986). Norm theory: Comparing reality to its alternatives. *Psychological Review, 93,* 136-153.

Kahneman, D., & Tversky, A. (1972). Subjective probability: A judgment of representativeness. *Cognitive Psychology, 3,* 430-454.

Kahneman, D., & Tversky, A. (1973). On the psychology of prediction. *Psychological Review, 80,* 237-251.

Kahneman, D., & Tversky, A. (1979). Prospect theory: An analysis of decision under risk. *Econometrica, 47,* 263-291.

Kahneman, D., & Tversky, A. (1982). The simulation heuristic. In D. Kahneman, P. Slovic, & A. Tversky (Eds.), *Judgment under uncertainty: Heuristics and biases.* (pp. 201-210). Cambridge, UK: Cambridge Univ. Press.

Kaplan, J. T., Gimbel, S. I., & Harris, S. (2016). Neural correlates of maintaining one's political beliefs in the face of counterevidence. *Scientific Reports, 6,* 39589; doi: 10.1038/srep39589.

Kelley, H. H. (1967). Attribution theory in social psychology. In D. Levine (Ed.), *Nebraska symposium on motivation, 15,* (pp. 192-238). Lincoln: University of Nebraska Press.

Koriat, A., Lichtenstein, S., & Fischoff, B. (1980). Reasons for confidence. *Journal of Experimental Psychology: Human Learning and Memory, 6,* 107-118.

Lichtenstein, S., & Slovic, P. (1971). Reversal of preference between bids and choices in gambling decisions. *Journal of Experimental Psychology, 89,* 46-55.

Lichtenstein, S., Slovic, P., Fischhoff, B., Layman, M., & Combs, B. (1978). Judged frequency of the lethal events. *Journal of Experimental Psychology: Human Learning and Memory, 4,* 551-578.

Lord, C., Ross, L., & Lepper, M. R. (1979). Biased assimilation and atitude polarization: The effects of prior theories on subsequently considered evidence. *Journal of Personality and Social Psychology, 37,* 208-2109.

Manktelow, K. I., & Over, D. E. (1991). Social roles and utilities in reasoning with deontic conditional. *Cognition, 39,* 85-105.

McNeil, B. J., Pauker, S. G., Sox Jr, H. C., & Tversky, A. (1982). On the elicitation of preferences for alternative therapies. *New England Journal of Medicine, 306,* 1259-1262.

Medin, D. L., Coley, J. D., Storms, G., & Hayes, B. K. (2003). A relevance theory of induction. *Psychonomic Bulletin & Review, 10,* 517-532.

Medvec, V., Madey, S., & Gilovich, T. (1995). When less is more: Counterfactual thinking among Olympic medalists. *Journal of Personality and Social Psychology, 69,* 603-610.

Mercier, H. & Sperber, D (2017). *The Enigma of Reason: A new theory of human understanding.* Cambridge, Mass.: Harvard University Press.

Mill, J. S. (1887). *Utilitarianism.* London: Collins.

Murphy, A. H., & Winkler, R. L. (1984). Probability forecasting in meteorology. *Journal of the American Statistical Association, 79,* 489-500.

Myers, J. L., Shinzo, M., & Duffy, S. A. (1987). Degree of causal relatedness and memory. *Journal of Memory and Language, 26,* 453-465.

Mynatt, C. R., Doherty, M. E., & Tweney, R. D. (1977). Confirmation bias in a simulated research environment: An experimental study of scientific inference. *Quarterly Jounral of Experimental Psychology, 29,* 85-95.

Oakhill, J., Johnson-Laird, P. N., & Garnham, A. (1989). Believability and syllogistic reasoning. *Cognition, 31,* 117-140.

Osherson, D. N., Smith, E. E., Wilkie, O., Lopez, A., & Shafir, E. (1990).

Category-based induction. *Psychological Review, 97,* 185-200.

Park, J., & Sloman, S. A. (2013). Mechanistic beliefs determine adherence to the Markov property in causal reasoning. *Cognitive Psychology, 67,* 186-216.

Payne, J. W., Bettman, J. R., & Johnson, E. J. (1988). Exploring pre-decisional behavior: An alternative approach to decision research. *Organizational Behavior and Human Decision Processes, 22,* 17-44.

Petty, R. E., & Cacioppo, J. T. (1986). The elaboration likelihood model of persuasion. *Advances in Experimental Social Psychology, 19,* 123-205.

Plous, S. (1993). *The psychology of judgment and decision making.* New York, NY: McGraw-Hill.

Redelmeire, C., Koehler, D. J., Liberman, V., & Tversky, A. (1995). Probability judgments in medicine: Discounting unspecified alternatives. *Medical Decision Making, 15,* 227-230.

Rips, L. J. (1994). *The psychology of proof.* Cambridge: MIT Press.

Ritov, I., & Baron, J. (1990). Reluctance to vaccinate: Omission bias and ambiguity. *Journal of Behavioral Decision Making, 3,* 263-277.

Samuelson, W., & Zeckhauser, R. (1988). Status-quo bias in decision making. *Journal of Risk and Uncertainty, 1,* 7-59.

Sanfey, A. G., Rilling, J. K., Aronson, J. A., Nystrom, L. E., & Cohen, J. D. (2003). The neurl basis of economic decision making in the Ultimatum Game. *Science, 300,* 1755-1758.

Shiffrin, R. M., & Schneider, W. (1977). Controlled and automatic human information processing: II. Perceptual learning, automatic attending, and a general theory. *Psychological Review, 84,* 127-190.

Simon, H. A. (1957). *Models of man: Social and rational.* NY: Wiley.

Sloman, S. A. (1996). The empirical case for two systems of reasoning. *Psychological Bulletin, 119,* 3–22.

Sloman, S. A. (2005). *Causal models.* Oxford: Oxford University Press.

Smith, E. E., Shafir, E., & Osherson, D. N. (1993). Similarity, plausibility, and judgments of probability. *Cognition, 49,* 67–96.

Solso, R. L., & MacLin, M. K. (2002). *Experimental psychology: A case approach* (7/e). Boston: Allyn and Bacon.

Spellman, B. A. (1997). Crediting causality. *Journal of Experimental Psychology: General, 126,* 323–348.

Spellman, B. A., & Kincannon, A. (2001). The relation between counterfactual ('but for') and causal reasoning: Experimental findings and implications for juror's decisions. *Law and Contemporary Problems, 64,* 241–264.

Sperber, D., & Wilson, D. (1986). *Relevance: Communication and cognition.* Oxford: Blackwell.

Stanovich, K. E. (1999). *Who is rational? Studies of individual differences in reasoning.* Mahwah, NJ: Elrbaum

Staw, B. M. (1976). Knee–deep in the big muddy: A study of escalating commitment to a chosn course of action. *Organizational Behavior and Human Decision Processes, 16,* 27–44.

Taplin, J. E., & Staudenmayer, H. (1973). Interpretation of abstract conditional sentences in deductive reasoning. *Journal of Verbal Learning and Verbal Behavior, 12,* 530–542.

Tate, M. A., & Alexander, J. (1996). Teching critical evaluation skills for World Wide Web sources. *Computers In Libraries, 16,* 49–52.

Thaler, R. H., & Sunstein, C. R. (2008). *Nudge: Improving decisions about health, wealth, and happiness.* NY: Penguin Books.

Toulmin, S. E. (1958). *The use of argument.* Cambridge: Cambridge University Press.

Tversky, A. (1969). Intrransitivity of preferences. *Psychological Review, 76,* 31–48.

Tversky, A. (1972). Elimination by aspects: A theory of choice. *Psychological Review, 79,* 281–299.

Tversky, A., & Kahneman, D. (1973). Availability: A heuristic for judging frequency and probability. *Cognitive Psychology, 5,* 207–232.

Tversky, A., & Kahneman, D. (1974). Judgment under uncertainty: Heuristics and biases. *Science, 185,* 1124–1131.

Tversky, A., & Kahneman, D. (1981). The framing of decisions and the psychology of choice. *Science, 211,* 453–458.

Tversky, A., & Koehler, D. J. (1994). Support theory: A nonextensional representation of subjective probability. *Psychological Review, 101,* 547–567.

Tversky, A., & Shafir, E. (1992). Choice under uncertainty: The dynamics of deferred decision. *Psychlogical Science, 3,* 358–361.

Tweney, R. D., Doherty, M. E., Worner, W. J., Pliske, D. B., Mynatt, C. R., Gross, K. A., & Arkkelin, D. L. (1980). Strategies of rule discovery in an inference task. *Quarterly Journal of Experimental Psychology, 32,* 109–123.

Ward, W. C., & Jenkins, H. M. (1965). The display of information and the judgment of contingency. *Canadian Journal of Psychology, 19,* 231–241.

Wason, P. C. (1960). On the failure to eliminate hypotheses in a conceptual task. *Quarterly Jounral of Experimental Psychology, 12,* 129–140.

Wason, P. C. (1966). Reasoning. In B. Foss (Ed.), *New horizons in psychology* (pp. 135–151). Harmondsworth: Penguin Books.

Wason, P. C., & Evans, J. St. B. T. (1975). Dual processes in reasoning? *Cognition, 3,* 141–154.

Wason, P. C., & Johnson–Laird, P. N. (1972). *Psychology of reasoning: Structure and content.* London: Batsford.

Weisberg, D. S., Keil, F. C., Goodstein, J., Rawson, E., & Gray, J. R. (2008). The seductive allure of neuroscience explanations. *Journal of Cognitive Neuroscience, 20,* 470–477.

Woodworth, R. S., & Sells, S. B. (1935). An atmosphere effect in syllogistic reasoning. *Jounral of Experimental Psychology, 18,* 451–460.

찾아보기 ⟨⟨⟨

• 내용 •

■■■ >>> 저자 소개

도 경 수(Kyung Soo Do)

서울대학교 심리학과 학사

서울대학교 대학원 심리학과 석사

미국 프린스턴대학교 심리학과 박사

현 성균관대학교 심리학과 교수

〈주요 저서〉

심리학의 이해(4판, 공저, 학지사, 2012)

인지심리학(3판, 공저, 학지사, 2009)

언어심리학(공저, 학지사, 2003)

심리학 입문 시리즈
인지 및 생물심리

사고: 추리, 판단, 결정

Psychology of Thinking: Reasoning, Judgment, and Decision Making

2019년 1월 25일 1판 1쇄 인쇄
2019년 1월 30일 1판 1쇄 발행

지은이 • 도경수
펴낸이 • 김진환
펴낸곳 • (주) **학지사**

04031 서울특별시 마포구 양화로 15길 20 마인드월드빌딩
대표전화 • 02)330-5114   팩스 • 02)324-2345
등록번호 • 제313-2006-000265호

홈페이지 • http://www.hakjisa.co.kr
페이스북 • https://www.facebook.com/hakjisa

ISBN 978-89-997-1749-9 93180

정가 13,000원

이 도서의 국립중앙도서관 출판시도서목록(CIP)은 서지정보유통지
원시스템 홈페이지(http://seoji.nl.go.kr)와 국가자료공동목록시스템
(http://www.nl.go.kr/kolisnet)에서 이용하실 수 있습니다.
(CIP 제어번호: CIP2019002074)

교육문화출판미디어그룹 학지사

심리검사연구소 **인싸이트** www.inpsyt.co.kr
원격교육연수원 **카운피아** www.counpia.com
학술논문서비스 **뉴논문** www.newnonmun.com
간호보건의학출판 **학지사메디컬** www.hakjisamd.co.kr